铁葫芦 | 文艺馆

铁 葫 芦

锌皮娃娃兵

Zinky Boys

〔白俄〕S.A.阿列克谢耶维奇 著

高莽 译

九州出版社
JIUZHOUPRESS

目 录

第二天

后 记

前言

历史会说谎。

——萧伯纳

我再也不愿意写战争了

我对自己说，我再也不愿意写战争了。

完成《战争中没有女性》一书之后，有很长一段时间，我不敢正视由于普通磕碰从鼻子里往外流血的孩子。在别墅区，看到捕鱼人欢天喜地地从深水中把鱼甩到岸边沙滩上时，我扭头就跑开，鱼那双静止不动的凸泡眼睛让我作呕。

我们每个人，大概在生理与心理方面都有自己的防痛储备力，而我的储备力已经用尽。我听见猫被汽车轧死时的惨叫声就要发疯，见到被踩死的蚯蚓就回避。我不止一次想到，鸟类、鱼类，如同所有生物一样，也有形成自己历史的权利。将来总有一天，有人会把它们的历史写出来。

然而，突然的事发生了！如果这事可以称为"突然"的话。战争已经进行到第七个年头了。

"人世间的悲痛有百种反映。"（莎士比亚《理查三世》）

开车去农村的路上，我们顺便捎上了一个上学年龄的小姑娘。她到明斯克采购了食品，一个大提包里露出几个鸡头，行李架上塞了一网袋面包。

进了村子，她的母亲出来迎接。她站在篱笆墙旁高声喊叫。

"妈妈！"小姑娘向她跑过去。

"哎呀，我的好闺女，可来信了。咱们的安德烈在阿富汗……噢——噢！……他们像运回费多里诺夫的伊万那样，也会把他运回来的……孩子小，需要的坑也小……可是，我抚养大的不是一个小伙子，是一棵大橡树啊……有两米高。他来信说：'妈妈，骄傲吧，我是空降兵……'噢——噢——噢，积德行善的人们哟……"

再讲一件去年的事。

一位军官带着旅行包坐在汽车站的候车室里，大厅有一半空着。他身旁是个又瘦又小的男孩子，脑袋剃成士兵的秃瓢，用叉子在盛着干无花果的箱子里挖来挖去。几位农村妇女老实巴交地凑到他们身边，坐了下来，她们问："到哪里去？干什么去？他是什么人？"

军官是护送小兵回家的，小兵精神失常了。

"从喀布尔开始他就乱挖，手里有什么东西就用什么挖，不管是铁锹、叉子、棍子，还是自来水笔。"那个孩子仰起头来说："应当掩蔽起来……我在挖战壕……我挖得可快啦……我们把战壕叫阵亡将士公墓……我要为你们大家挖条大战壕……"

我平生第一次看见和眼睛一般大的瞳仁……

我周围的人都在议论什么呢？都在撰写什么呢？他们议论的、撰写的都是什么国际主义义务，地理政治，我们的国家利益，南部国境线。

在预制板搭起来的房子里，在农家茅舍里，窗台上摆着一盆盆无忧无虑的天竺葵。民间暗地里流传着有关阵亡通知书的事，有关锌皮棺材的事，说赫鲁晓夫时代建起来的小房子容纳不下那种棺材。不久以前，母亲们还扑在钉得严严实实的铁箱子上，绝望地呼天抢地；这时她们又在职工面前、在学校里，号召其他的孩子要"完成对祖国应尽的义务"。

在书报检察机关所密切注意的关于报道战争的文章中，从不提苏联士兵的死亡。他们硬要我们相信，"苏军有限人员"正在帮助兄弟国家的人民铺修公路，正往村子里运送肥料，而苏联军医们正在为阿富汗的妇女们助产接生，很多人信以为真。回国的士兵们把吉他带到学校里去，唱一些本来应该大声疾呼的事……

我和一个人谈了很久，我想从他口中听到，作出开枪还是不开枪这一选择时的痛苦心理，可是他走开了。对他来说，这事似乎不是什么悲剧。什么是好？什么是坏？"为了社会主义"杀人就好！军令已经为这些孩子划定了道德的规范。

尤·卡里亚金写道："任何一桩历史事件，都不能按其自我意识进行判断。可悲的是，这种自我意识与历史并不相符。"

我在卡夫卡的作品中读到这么一句话："人在自我中永远地丧失了。"

可是，我再也不愿意写战争了……

我已置身于真正的战场上

塔什干航空港里闷热，处处是瓜味，简直不像航空港而是瓜棚。半夜两点钟，我望了一眼水银柱——三十摄氏度。半野不野的肥猫，据说是阿富汗种，毫不胆怯地往出租车下边钻。

年纪轻轻的士兵们（他们还是娃娃呢）拄着拐杖，在一群从疗养地归来的、皮肤晒成酱紫色的人之间，在木箱之间，在水果筐之间一跳一跳地走动。谁也不理会他们，大家习以为常了。他们铺上一张旧报纸或一本旧杂志，席地而睡、席地用餐，过了一周又一周，他们就是买不到飞往萨拉托夫、喀山、新西伯利亚、伏罗希洛夫格勒、基辅、明斯克的机票……他们在什么地方被弄成残废的？他们在那边保卫了什么？没人对这些事感兴趣。只有一个小孩睁大眼睛盯着他们，还有一个醉醺醺的叫花婆子走到小兵面前，说：

"你过来……让我可怜可怜你……"

他用拐杖把她轰走了。可她并没有生气，还说了两句只有女人才能说出来的、让人伤心的话。

我身旁坐着几位军官，他们在议论我国生产的假肢如何不好，还在谈论伤寒、霍乱、疟疾和肝炎。他们说，头几年没有水井，没有厨房，没有浴室，没有东西可以刷洗锅碗瓢盆。还议论谁带回来了什么东西，有人带回来摄影机，有的是"夏普"牌，有的是"索尼"牌。战争对某些人来说如同后娘，而对另外一些人来说则是亲妈。我还记得他们用怎样的目光观望那些休假归来的漂亮妇女，她们身穿袒胸露背的连衣裙……

陀思妥耶夫斯基描写过军人武夫，说他们是"世界上最不动脑子的人"。

人杂的地方散发着厕所堵塞的气味。我们长时间等候飞往喀布尔的飞机，突然出现了很多女人。

下边是她们谈话中的零碎句子：

"我的耳朵开始听不清了。最初是听不见鸟儿在高空鸣唱，比如，我一点儿也听不见鸱雀的叫声。我把它们的叫声录了音，调到最高频率……这是头部挫伤的后遗症……"

"你得先开枪，然后再查明情况，被打死的是妇女还是婴儿……人人都有自己的噩梦……"

"枪声一响，毛驴就躺下；枪声停了，它就站起来。"

"我在苏联是什么人？是妓女？这事我们最清楚。哪怕是在合作社里赚几个钱呢……可是男人呢？男人又怎样？个个是酒鬼。"

"将军说过要尽国际主义义务，要保卫南部国境。他甚至动了感情，说：'给他们带点水果糖。他们还是娃娃，糖果是最好的礼物。'"

"军官很年轻。当他得知他的一条腿被截时，便哭了。他长得像个大姑娘，皮肤粉红白皙。起初我害怕见死人，特别是没有胳膊没有腿的死人……后来习惯了……"

"若当了俘虏，他们先砍掉他的四肢，然后又把砍断四肢的地方用止血带包扎起来，免得流血过多死了。他们就这样把人扔下，我们的人把他们找回来时，是一堆一堆的肉。那些人想死，可是硬是被治疗。"

"海关看见我的旅行包是空的：'你带了什么东西？'‘我什么也没带。'‘什么也没带？'他们不相信，逼我脱衣服，只剩下一条裤衩。因为人人都带了两个皮包。"

"起来，否则就睡过站了……"飞机已到了喀布尔上空。

飞机在下降。

炮声隆隆。巡逻兵端着自动步枪、穿着防弹背心检查通行证。

我本来不想再写战争了，可我已置身于真正的战场上。

观察他人怎样显示勇气，怎样去冒险，多多少少有些不道德。昨天我到食堂去吃早饭，路上跟哨兵打了个招呼，半个小时以后，这位哨兵被一块飞进卫戍区的流弹片打死了。我一整天都在努力回忆这个孩子的相貌……

此地把记者称为编故事的人，作家也一样。我们作家小组里几乎清一色都是男人，他们都急于到最远的哨所去，想冲锋陷阵。我问其中的一个人："为了什么？"

"我对这事感兴趣，我将来可以说：我到过萨兰格……我要放几枪……"

我怎么也摆脱不了一种感觉：战争是男性天生的特质。对我来说，这是难以理解的。

摘自他人的讲话——

"我靠近开了一枪，眼看着那个人的头骨飞散开了。我心想："这是第一个。'战斗之后，有些人受伤，有些人被打死，大家都不言语……我在这儿梦见了电车，梦见我乘电车回家……我最喜欢回忆妈妈烤馅饼的场景……家里充满揉面的香味……"

"你和一个好小伙交了朋友……后来，你看见他的肠子一串串挂在石头上……这时，你就开始想要替他报仇了。"

"我们在等待驮运队，等了两三天。我们躺在滚热的沙子上，就地拉屎撒尿。等到第三天晚上，你快急疯了，你满肚子仇恨，射出了第一梭子弹……一阵枪击之后，一切都结束了。这时，我们发现驮运队载的是香蕉和果子酱……那次吃的甜玩意儿足够回味一辈子……"

按普希金的看法，一个人若想把自己的真情实感都写出来（或都讲出来），是力所不及的。

坦克上写着红色的大字："为马尔金报仇雪恨。"

一个年轻的阿富汗女人跪在街道中心号啕大哭，她面前躺着被打死的婴儿。大概只有受了伤的野兽才能嚎得这么凄惨。

我乘车经过一个个被摧毁的村庄，村庄活像是翻耕后的田地。不久以前，这儿还是一座座农舍，现在成了一堆堆没有生命的泥土，它比在打冷枪的黑暗还可怕。

我在军医院里看见，一个俄罗斯姑娘把一个绒布小熊放在阿富汗男孩的床上。他用牙叼着玩具在玩、在微笑，他的两条胳膊都没有了。有人把他母亲的话译给我听："是你们俄国人开枪打的。"又问："你有孩子吗？是男孩还是女孩？"我怎么也无法弄明白，在她的话里，更多的是恐惧还是宽恕？

人们在讲圣战者对付我们俘虏的残酷手段，活像是中世纪时人的所作所为。这个国家的确生活在另一个时代，他们的年代现在是 14 世纪。

莱蒙托夫的小说《当代英雄》中，马克西莫维奇评价一个山民杀死贝拉父亲的行为时说："当然喽，按他们的观点，他做得合情合理。"可是按俄国人的观点，那是兽性行为。作家发现了俄罗斯人民的这一惊人特点：善于站在另一民族的立场上，并用"他们"的观点观察、理解事物。

可是现在……

摘自他人的讲话——

俘虏了几个"杜赫"[①]……我们审讯他们："军用仓库在哪儿？"他们不语。我们用直升机把其中的两个人吊到半空中："在哪儿？指给我们看……"他们不语。于是我们把一个人抛向山岩。

他们打死了我的朋友。他们还想笑，还想高兴？他已经不存在了……哪儿人多，我就往哪儿开枪……我开枪扫射过阿富汗人的婚礼……新郎和新娘，一对新人正走着……我不怜悯任何

---

① 苏军对阿富汗武装人员的称呼。（本书注释均为译者注）

人……我的朋友死了。

陀思妥耶夫斯基小说中的伊万·卡拉马佐夫说："野兽永远不会像人那么凶残，凶残得那么巧妙，又那么艺术。"

是的，我预料到我们不愿意聆听，也不想写下这些事。但是任何一场战争，不管是谁指挥的，是为何而战的，尤利乌斯·恺撒也好，约瑟夫·斯大林也好，都是人和人的相互残杀。这是杀人，但我们国内对这事不能深入思考，不知为什么学校里不提爱国主义教育，而提军事爱国主义教育。其实，我何必为"为什么"而惊讶呢？一切都是可以理解的，军事社会主义、军事国家、军事思维方法。难道我们不想成为另外一种人吗？……

不能如此考验一个人，人是经受不住这种考验的。在医学上，这叫"活体试验"，即用活人进行实验。

今天有人引用了列夫·托尔斯泰的一句话，说"人是川流不息的"。

晚上打开了录音机，欣赏"阿富汗人"的歌曲。孩子们的嗓音还没有定型，他们模仿维索茨基[①]沙哑地叫着："太阳像颗大炸弹，落在村庄上"，"我不需要荣誉，我们能活下去就算是褒奖"，"我们为什么要杀人？为什么要杀我们"，"可爱的俄罗斯呀，你怎么竟把我出卖了"，"我已经开始忘记人们的相貌"，"阿富汗，你比我们的责任更重大，你是我们的宇宙"，"独腿汉

———————————

① 弗拉基米尔·维索茨基（1938—1980），苏联著名诗人、戏剧演员和音乐家，20世纪六七十年代盛行的行吟诗歌的主要代表。因歌词内容的敏感性而得不到公开出版，其行吟诗歌只能通过普通录音机相互转录的形式在数以千万计的听众中间传播。

子像只大鸟，在海滨跳跃"，"死者已不属于任何人，他脸上已经没有仇恨"。

夜里我做了一个梦，梦见我们的士兵返回苏联，我站在送行的人们中间。我走到一个娃娃兵面前，他没有舌头，成了哑巴，他被俘过，小兵制服里边露出军医院的病号衣。我问他话，他一个劲儿地写自己的名字：万涅奇卡，万涅奇卡。他写的名字，我看得清清楚楚——万涅奇卡……他长得很像我白天谈过话的那个小伙子，他反反复复地说："妈妈在家等着我。"

……

我们乘车最后一次穿过冰雪封冻的喀布尔市区的胡同，在市中心人人熟悉的招贴画前开过去："共产主义是光明的未来"，"喀布尔是和平的城市"，"党和人民团结一致"。这是我国印刷厂印制的招贴画。我们的列宁站在这里，举着一只手……

在航空港遇见了几位熟悉的摄影师，他们在拍摄装运"黑色郁金香"①的过程。他们讲话时不抬眼皮，讲如何给死者穿上旧军服，还有马裤，有时这类衣服也不够用，就不穿军衣，光着身子装进棺材。旧木板、锈钉子……"冷库里运来了新的死者，好像有一股不新鲜的野猪肉味……"

如果我把这些事都写出来，谁能相信我？

---

① 黑色郁金香：指战争期间死亡的士兵的棺材。阿富汗战争期间，苏联用安-12飞机把牺牲的苏联军人的尸体从阿富汗运送回国。

我们彼此太贴近了，任何人都休想逃避

　　我的创作之路还是从人走向人，从文献走向形象。每一篇自白就像一幅彩色的肖像画，谁也不谈文献，都谈形象，都谈现实的幻觉形象。世界不是按日常实况，而是"按自己的形象与精神"创造的。我的研究对象仍然如故，是感情的历程，而不是战争本身的历程。人们想的是什么？希求的是什么？他们为何而欢乐？为何而惧怕？他们记住了什么？

　　这场战争耗时比伟大的卫国战争长一倍，而我们对它的了解，恰恰只限于我们不必为它担心的那点内容，免得我们看见自己的本来面貌而心惊肉跳。尼·别尔嘉耶夫在书中写道："俄罗斯作家永远对真理更为关心，而不是美。"我们正是在寻求这一真理的过程中，度过了自己的一生。今天尤其如此，在写作台前、在街道上、在集会中，甚至在节日的晚宴上。我们无尽无休思考的是什么呢？仍然是那些问题：我们是谁？我们往哪里去？到了这时我们才弄清楚，我们对待任何事物，甚至对待人的生命，也没有像对待有关自己的神话这样关怀备至。我们是最最优秀、最最正义、最最诚挚的，这种看法灌入我们的头脑，已经根深蒂固了。谁若是敢对此有所怀疑，立刻会被扣上违背誓言的罪名，这在我国被视为大逆不道！

摘自历史——

"1801 年 1 月 20 日谕旨：顿河首领瓦西里·奥尔洛夫率其哥萨克人向印度进军。当月内他们就抵达了奥伦堡，再由该地继续挺进，三个月之内'经布哈拉与希瓦，抵达印度河'。不久，三万名哥萨克人渡过伏尔加河深入哈萨克草原。"[①]

摘自当今报纸——

"铁尔梅兹市的扁桃树鲜花怒放，今年 2 月，即使大自然不馈赠这一厚礼，古城居民也会把这些日子作为最隆重最喜庆的时刻铭记心中……

"乐队开始演奏。祖国在欢迎亲爱的儿子归来，我们的男子汉完成了自己的国际主义义务，返回了家乡……这些年，苏联士兵们在阿富汗修复和新建了数百栋小学、贵族子弟学校和中等学校校舍，三十座医院和同样数目的幼儿园，近四百栋居民住宅，三十五座清真寺，几十眼水井，近一百五十公里水渠与河道……他们在喀布尔担负了保卫军事目标与和平设施的任务。"[②]

再引一句尼·别尔嘉耶夫的话："我从来不属于任何人，我仅仅是自己的我。"这话不是针对我们说的。我们这儿的真理，

[①] 见《为政权而战（俄罗斯17世纪政治史片断）》一书。莫斯科，思想出版社，1988年版，第475页。

[②] 见《莫斯科真理报》，1989年2月7日。

总是为某人或某事服务的：为革命利益，为无产阶级政权，为党，为大胡子独裁者，为第一或第二个五年计划，为历届代表大会……

陀思妥耶夫斯基用最后的力气喊出："真理高于俄罗斯。"

《新约全书·马太福音》中说："你们要谨慎，免得有人迷惑你们。因为将来有好些人冒我的名来。"（见24章，第4—5节）[①]

来者人数很多，甚至难以历数他们的名字……

我反问自己。我询问别人。我寻找答案。我们每个人是怎样扼杀了心中的勇气？怎样把我们的普通男儿变成了杀人的人？为什么为了某人的需要，就可以对我们为所欲为？然而，我不对我的所见所闻作出评判，我只想把人的世界按本来面目反映出来。今天对战争真理的思考，如同对生与死的真理思考一样，比过去广泛多了。人终于达到了自己在不完美时所期望的目的：他能够一举杀死所有的人。

苏军在阿富汗每年作战的人数多达十万，如今这已不再是秘密了，十年里一共一百万。战争还有另一种统计方法：发射了多少发子弹和炮弹，击毁了多少架直升机，报废和穿破了多少套制服，毁坏了多少辆汽车。这一切需要我们付出多少代价啊？

苏军死伤五万。这个数字可以相信，也可以不信，因为大家都知道，我们是巧于统计的。时至今日，卫国战争期间牺牲的人数我们还在统计，尸体还在埋葬……

[①] 本书所有《圣经》引文均参照中国基督教协会1994年印发的《新旧约全书》和合本。

摘自他人的讲话——

"我甚至在夜里都害怕见到血……害怕自己的梦……我现在连个甲虫都不忍心踩……"

"这些话我能对谁讲呢？谁会听呢？鲍里斯·斯鲁茨基有一句诗：'当我们从战场归来，我才明白，我们不为人们所需要。'我身上有门捷列夫元素周期律的全部元素……伤寒病至今还在折磨我……不久以前，我去拔牙……拔了一颗又一颗……我在休克中疼得突然嚷了一句……女医生瞧着我……近乎厌恶地说：'满嘴是血，还说话……'我心想，从今以后，我再也不会讲真话了，因为人人都这么看待我们，满嘴是血，他们还说话……"

因此，我在本书中不写真名实姓。有人请求我为他们的忏悔保守秘密，而另外一些人，我不能让他们落到无人保护的境地，因为有人急于责备他们，对他们大叫："满嘴是血，他们还说话。"

我们还要在某处寻找该责怪的人吗？

有一种自我保护的有效办法："这事责任在他……这事责任在他们……"不！我们彼此太贴近了，任何人都休想逃避。

我的日记本中保留了他们的姓名。也许，有朝一日，我的主人公们希望别人了解他们：

谢尔盖·阿米尔哈尼扬，大尉；弗拉基米尔·阿加波夫，上尉，小队长；塔契亚娜·别洛泽尔斯基赫，女职员；维克托利娅·弗拉基米罗夫娜·巴尔塔舍维奇，牺牲列兵尤里·巴尔塔舍维奇的母亲；德米特里·巴勃金，列兵，瞄准手，操作员；玛娅·耶米里扬诺夫娜·巴布克，牺牲女护士斯韦特兰娜·巴布克的母亲；玛丽娅·杰列恩切夫娜·博布科娃，牺牲列兵列昂尼德·博布科夫的母亲；奥林匹阿达·罗曼诺夫娜·巴乌科娃，牺牲列兵亚历山大·巴乌科夫的母亲；塔伊霞·尼古拉耶夫娜·博古什，牺牲列兵维克托·博古什的母亲；维克托利娅·谢苗诺夫娜·瓦洛维奇，牺牲上尉瓦列里·瓦洛维奇的母亲；塔契娅娜·盖辛科，女护士；瓦基姆·戈鲁什科夫，上尉，翻译；盖纳基·古巴诺夫，大尉，飞行员；英娜·谢尔盖耶夫娜·戈洛夫涅娃，牺牲上尉尤里·戈洛夫涅夫的母亲；阿纳托利·杰维契亚罗夫，少校，炮兵团宣传员；丹尼斯·Λ，列兵，掷弹筒手；塔玛拉·多夫纳尔，牺牲上尉彼得·多夫纳尔的妻子；叶卡捷琳娜·尼基京奇娜·Π，牺牲少校亚历山大·Π的母亲；弗拉基米尔·叶罗赫维茨，列兵，掷弹筒手；索菲娅·格利高里耶夫娜·茹拉夫廖娃，牺牲列兵亚历山大·茹拉夫廖夫的母亲；娜塔丽娅·热斯托夫斯卡娅，女护士；玛丽娅·奥奴弗里耶夫娜·吉里菲加罗娃，牺牲列兵奥列格·吉里菲加罗夫的母亲；瓦基姆·伊万诺夫，上尉，工兵排指挥员；加丽娜·费多罗夫娜·伊里钦科，牺牲列兵亚历山大·伊里钦科的母亲；叶甫盖尼·克拉斯尼克，列兵，摩托化步兵；康斯坦丁·M，军事顾问；叶甫盖尼·科杰里尼科夫，准尉，侦察连卫生指导员；亚历山大·科斯塔科夫，列兵，通信员；亚历山大·库夫什尼科夫，上尉，迫击炮连指挥员；娜杰日达·谢尔盖耶夫娜·科兹洛娃，牺牲列兵安德烈·科兹洛夫的母亲；玛丽娜·基谢廖娃，女职员；维拉·费多罗夫娜·Ｋ，牺牲列兵尼古拉·Ｋ的母亲；塔拉斯·凯茨姆尔，列兵；彼得·库尔巴诺夫，少校，山区步兵连指挥员；瓦西里·库比克，准尉；奥列格·列留申科，列兵，掷弹筒手；亚历山大·列列特科，列兵；谢尔盖·罗斯库托夫，军队外科医生；瓦列里·利西钦诺克，中士，通讯员；维拉·雷辛，女职员；叶甫盖尼·斯捷潘诺维奇·穆赫尔托夫，少校，大队指挥员，以及他的儿子安德烈·穆赫尔托夫，少尉；利季娅·叶菲莫夫娜·曼克维奇，牺牲中士德米特里·曼克维奇的母亲；加丽娜·穆里亚瓦娅，牺牲大尉斯杰潘·穆里亚沃伊的妻子；弗拉基米尔·米霍拉普，列兵，迫击炮手；亚历山大·尼古拉因科，大尉，直升机小队指挥员；奥列格·Λ，直升机飞行员；娜塔丽娅·奥尔洛娃，女职员；加丽娜·帕甫洛娃，女护士；弗拉基米尔·潘克拉托夫，列兵，侦察员；维塔利·鲁任采夫，列兵，司机；谢尔盖·鲁萨克，列兵，坦克手；米哈依尔·西罗京，上尉，飞行员；亚历山大·苏霍鲁科夫，上尉，山区步兵指挥连指挥；伊戈尔·萨温斯基，中尉，摩托化步兵连指挥；季莫菲·斯米尔诺夫，中士，炮兵；瓦列京娜·基里罗夫娜·萨恩科，牺牲列兵瓦列京·萨恩科的母亲；弗拉基米尔·西曼宁，中校；托马斯·Ｍ，中士，步兵连指挥；列昂尼德·伊万诺维奇·塔塔尔钦科，牺牲列兵伊戈尔·塔塔尔钦科的父亲；弗拉基米尔·乌拉诺夫，大尉；塔玛拉·法捷耶娃，细菌学医生；柳德米拉·哈利顿契克，牺牲上尉尤里·哈利顿契克的妻子；加丽娜·哈里乌利娜，女职员；瓦列里·胡佳科夫，少校；瓦列京娜·雅科夫列娃，准尉，机要科科长。

第一天

"有好些人冒我的名来……"

作者的话

早晨我还没睡醒，电话铃像自动步枪叮叮叮响了起来，响了好一阵子。

他没有作自我介绍，开口就说："你听着，我读了你的诽谤文章……如果你再敢发表只言片语……"

"您是哪一位？"

"我是你写的人物当中的一个。我恨和平主义者！你全副武装爬过山吗？你在七十摄氏度的高温里乘过装甲输送车吗？你整夜地闻过蒺藜那股呛人的臭味吗？你没有闻过……既然如此，你就别插手此事，这是我们的事！你何必狗拿耗子？"

"您为什么不报自己的姓名？"

"你别插手此事！我把自己最要好的朋友、情同手足的人，用塑料纸包裹着从战场上运了回来……一处是头颅，一处是胳膊，一处是大腿……还有剥下来的皮……一堆肉代替了一个健壮英俊的小伙子……他当年拉过小提琴，写过诗……是他，而不是你，才配写这些事……给他开过追悼会之后，过了两天，他母亲就被送进了精神病院。她曾深夜跑到坟地去，打算和他躺在一起。这事你别插手！当年我们是兵，我们是被派往那边去的。我们执行的是军令，完成的是军人的誓言。我吻过军旗……"

"'你们要谨慎，免得有人迷惑你们。因为将来有好些人冒我的名来'。(《新约全书·马太福言》)"

"聪明人！过了十年，都变成了聪明人。人人都想成为纯洁无瑕的人。你们都给我滚……他妈的！你甚至不知道子弹怎么飞，你没有开枪杀过人……我什么都不怕……我才看不上你们的《新约》，你们的真理。我的真理是我用塑料纸袋装回来的……一处是头颅，一处是胳膊……还有剥下来的皮……你们都给我滚……"

话筒里嘈杂起来，像是远方的爆炸声。

不管怎么说，我很惋惜，我和他没有把话说完。也许这位心灵受了重伤的人，正是我的重要主人公……

"你别插手，这是我们的事！"他在叫喊。

那么，这到底是谁的事呢？

谁第一个开枪，谁就能活下来

　　无论我怎么聚精会神，我都只能听见声音，没有面孔的声音。声音时隐时现，好像我还来得及想道："我要死了。"这时，我睁开了眼睛……

　　爆炸后第十六天，在塔什干，我从昏迷中苏醒过来。我小声说话也会震得头疼，只能小声，大声不了。我已经接受过喀布尔军医院的治疗，在那里，我被切开了颅骨：脑袋里像是一锅粥，清除了碎骨渣。用螺钉把左手接起来，但没有骨节。第一种感觉是惋惜，惋惜一切都不可挽回了，看不见朋友了，最难过的是我再也上不了单杠了。

　　我在几家军医院里躺到差十五天就满两年，进行了十八次手术，有四次是全身麻醉。讲习班的大学生们根据我的状况写过我有什么，没有什么。我自己不能刮脸，同学们替我刮。第一次刮脸时，他们把一瓶香水都洒在了我身上，可我还在喊："再来一瓶！"我闻不到香味，闻不到。他们从床头柜里取出了所有东西：香肠、黄瓜、蜂蜜、糖果，都没有味儿！看东西有颜色，吃起来有味道，可就是闻不到。我几乎发了疯！春天来了，满树鲜花，这些我都看见了，可是闻不到香味。我的头里被取出了1.5毫升的脑浆，显然把某种与气味有关的中枢给剔除了。五年过去了，我到现在仍然闻不到花香、烟味、女人香水的味道。如果香水气味又冲又浓，把香水瓶塞在鼻子底下，我是能够闻出味来的，显然脑髓中剩余的部分承担了丧失的功能。

我在医院里治疗时，收到一位朋友的来信。从他的信中，我才知道我们的装甲输送车轧到了意大利地雷，被炸毁了。他亲眼看到一个人和发动机一起飞了出去……那个人就是我……

我出院以后，领了一笔补助金——三百卢布。轻伤——一百五十卢布，重伤——三百卢布。以后的日子，自己看着办吧！抚恤金——没有几个钱，只好依靠爹妈养活。我老爹过着没有战争胜似战争的日子，他头发全白了，患了高血压。

我在战争中没有醒悟，是后来慢慢醒悟过来的。一切都倒转了方向……

我是1981年应征入伍的。那时战争已经进行了两年，但在"非军事化生活"中的人们对战争知之甚少，谈论得也不多。我们家里认为：既然政府派兵到那边去，就是有这种需要。我父亲就这么认为，左邻右舍也这么认为。我不记得哪个人有不同的看法，甚至妇女也不哭，也不感到可怕，一切都离自己远着哪！

说是战争吧，又不像是战争。如果是战争，那么它也是一种莫名其妙的战争，没有伤亡，没有俘虏。那时还没有人见过锌皮棺材，后来我们才得知：城里已经运来过棺材，但是在夜里就偷偷下葬了，墓碑上写的是"亡"而不是"阵亡"。可是没人打听过，我们这些十九岁的小伙子，怎么会一个个突然死亡？是伏特加喝多了，还是患了流感，或者是吃橙子撑死的？只有亲友的啼哭，其他人的生活和往常一样，因为这种事还没有轮到他们头上。报上写的是：我们的士兵们在阿富汗筑桥、种树、修友谊林荫路，我国的医务人员在为阿富汗妇女婴儿治病。

在维捷布斯克军训期间，他们准备把我们派往阿富汗一事，已不是秘密了。有个人坦白地说，他担心我们在那边都会被打死。我一开始瞧不起他。启程前，又有一个人拒绝去，先是撒谎，说他丢了共青团团员证，可是团员证找到了；他又编了一个瞎话，说他的情人要分娩。我认为他精神不正常。我们是去搞革命的，他们就是这么告诉我们的，我们就相信了。我们想象以后的日子会充满浪漫主义色彩。

……

子弹射进人体时，你可以听得见，如同轻轻的击水声。这声音你忘不掉，也不会和任何别的声音混淆。

有个我认识的小伙子，脸朝下倒在地上了，倒在气味呛鼻、灰烬一般的尘土里。我把他的身子翻过来，让他后背贴地。他的牙齿还咬着香烟，刚刚递给他的香烟……香烟还燃着……有生以来第一次，我感到自己仿佛在梦中活动，奔跑、拖拽、开枪射击，但什么也记不住。战斗之后，什么也讲不清楚。一切都像是隔着一层玻璃……恍如一场噩梦。你被吓醒了，可什么事也想不起来。尝到恐惧的滋味后，就得把恐惧记在心里，还得习惯。

过了两三周以后，以前的你已经烟消云散，只留下了你的姓名。你已经不是你了，你成了另外一个人。这个人见到死人已经不害怕了，他会心平气和或略带懊恼地寻思：怎么把死者从山岩上拖下去，或者如何在火辣辣的热气里背他走上几公里路。这个人已经不是在想象，而是已经熟悉了大热天里五脏六腑露在肚皮外的味道，这个人已经了解了粪便和鲜血的气味为什么久久不散……他知道，在被滚热的弹片烫得沸腾的脏水坑里，被烧焦的人头龇牙咧嘴的表情，仿佛他们临死前不是叫了几个小时，而是一连笑了几个小时。当他见到死人时，他有一种强烈的、幸灾乐祸的感受——死的不是我！这些事情发生得飞快，变化就是如此，非常快。几乎人人都有这一过程。

对于打仗的人来说，死亡已没有什么秘密了，只要随随便便扣一下扳机就能杀人。我们接受的教育是：谁第一个开枪，谁就能活下来，战争法则就是如此。指挥官说："你们在这儿要学会两件事：一是走得快；二是射得准。至于思考嘛，由我来承担。"命令让我们往哪儿射击，我们就往哪儿射击，我就学会了听从命令射击。射击时，任何一个人都不用可怜，击毙婴儿也行。因为那边的男女老少，人人都和我们作战。部队经过一个村子，打头的汽车马达不响了，司机下了车，掀开车盖……一个十来岁的毛孩子，一刀刺入他的后背……正刺在心脏上。士兵扑在发动机上……那个毛孩子被子弹打成了筛子……只要此时此刻下令，这座村子就会变成一片焦土。每个人都想活下去，没有考虑的时间。我们只有十八岁二十岁呀！我已经看惯了别人死，可是害怕自己死。我亲眼看见一个人在一秒钟内变得无影无踪，仿佛他根本没有存在过。然后，用一口棺材装上一套军礼服，运回国去。棺材里还得再装些外国的土，让它有一定的重量……

想活下去……从来也没有像在那边那样想活下去。打完一仗，回来时就笑。我从来没有像在那边那样大笑过。老掉牙的笑话，我们当作一流的新作品来听。

举个例子，有个坑蒙拐骗的人来到战场，他第一件事就是打听抓一个"杜赫"能得多少兑换券。一个"杜赫"价值八张兑换券。两天以后，卫戍区附近尘土飞扬，他带来两百名俘虏。有个朋友央求道："卖给我一个，给你七张兑换券。""乖乖，看你说的，我买一个还花了九张兑换券呢！"

有人讲一百次，我们就能笑上一百次。任何一件无聊的事，都能让大家笑破肚皮。

有个"杜赫"在躺着看字典。他是神枪手，他看见一个人肩上扛着三颗小星星，是上尉——价值五万阿富汗币，砰的一枪！一颗大星星，是少校——价值二十万阿富汗币，砰的一枪！两颗小星星，是准尉，砰的一枪！到了夜里，首领开始按人头付款：打死了一个上尉——发给阿富汗币，打死了一个少校——发给阿富汗币。打死了……什么？准尉？你把咱们的财神爷给打死了，谁给咱们发炼乳、发被褥？把他吊死！

关于钱的问题谈得很多，谈得比死还多。我什么东西也没有带回来，只带回从我身上取出的一个弹片，仅此而已。有人在打仗时窜进村子……拿走了瓷器、宝石、各种装饰品、地毯……有人花钱买，有人用东西换……一梭子子弹可以换一套化妆品：送给心爱的姑娘用的眉笔、香粉、眼影膏。出售的子弹用水煮过……煮过的子弹出膛时，不是射出去而是吐出去，用这种子弹打不死人。一般都是弄一个铁桶或者一个脸盆，把子弹扔进去，用水煮上两个小时。煮好了，晚上拿着这些子弹去做买卖。指挥员和战士、英雄和胆小鬼，都从事这种生意。食堂里的刀子、勺子、叉子、碗和盆常常不翼而飞，兵营里的水碗、凳子、锤子总是不够数，自动步枪的刺刀、汽车的镜子、各种各样的零件、奖章……什么都出售……商店什么都收购，甚至从兵营驻地运出去的垃圾，如罐头盒、旧报纸、锈钉子、破烂胶合板、塑料小口袋……出售垃圾按车计算。这场战争就是如此……

　　我们被叫作"阿富汗人"，成了外国人。这是一种标记，一种记号。我们与众不同，我们是另一种人。哪种人？我不知道我是什么人，是英雄还是千夫所指的浑蛋？我也许是个罪犯，已经有人在议论，说是犯了一个政治错误。今天还在悄悄地议论，明天声音就会高些。可是我把血留在那边了……我本人的血……还有别人的血……给我们颁发了勋章，但我们不佩戴……将来我们还会把这些勋章退回去……这是我们在不真诚的战争中凭真诚赢得的勋章……

　　有人邀请我们到学校去演讲。讲什么？你不会讲战斗行动。讲我至今还如何害怕黑暗？讲有什么东西一掉下来，我就会吓得全身发抖？讲怎么抓了俘虏，可是没有一个能押回团部？一年半的时间里，我没有见过一个活的"杜什曼"①，我见到的都是死的。讲收集人的干耳朵？讲战利品？讲炮轰后的村庄？村庄已经不像是人住的地方，而像挖得乱七八糟的田地。难道我们的学生想听这些事？不，我们需要的是英雄人物。可是我记得我们是一边破坏、杀人，一边建设、馈赠礼物，这些行为同时存在，至今我也无法把它们分开。我害怕回忆这些事，我躲避回忆，逃离而去。从那边回来的人中，我不知道有谁不喝酒、不吸烟。清淡的香烟不过瘾，我寻找在那边吸过的"猎人"牌香烟。我们把那种香烟称作"沼泽上的死神"。

---

① 杜什曼：苏联军人对阿富汗武装人员的称呼。

您千万不要写我们在阿富汗的兄弟情谊。这种情谊是不存在的，我不相信这种情谊。打仗时我们能够抱成团，是因为恐惧。我们同样上当受骗，我们同样想活命，同样想回家。在这里，我们能联合起来是因为我们一无所有。我们关心的只有这些问题：抚恤金、住房、好药、假肢、成套的家具……这些问题解决了，我们的俱乐部也就解散了。等我绞尽脑汁，千方百计把住房、家具、冰箱、洗衣机、日本电视机弄到手，大功就算是告成了！那时，我马上就会明白：我在这个俱乐部里已无事可做。年轻人不接近我们，不理解我们。表面上，我们像是和伟大的卫国战争的参加者享有同等待遇，但他们是保卫了祖国，而我们呢？我们像是扮演了德国鬼子的角色，有个小伙子就是这么对我说的。我们恨透了他们。当我们在那边吃夹生饭，在那边把命交给地雷时，他们在这儿听音乐，和姑娘们跳舞，看各种书。在那边，谁没有和我生死与共，没有和我一起耳闻目睹一切，没有和我实地体验与感受，那么，那个人对我来说，就分文不值。

等到十年以后，肝炎、挫伤、疟疾在我们身上发作时，人们就该回避我们了……在工作岗位上、在家里，都会如此……再不会让我坐上主席台。我们对大家来说会成为负担……您的书有什么用？为谁而写？为我们从那边回来的人？反正不会讨我们的喜欢。难道你能够把发生过的事都讲出来吗？那些被打死的骆驼和被打死的人躺在一块儿，躺在一片血潭里，他们的血混在一起，能讲出来吗？谁还需要这样的书呢？所有人都把我们看成是外人。我剩下的只有我的家、我待产的妻子和即将出生的婴儿，还有从那边回来的几个朋友。其他人，我一概不相信……

——一位列兵、掷弹筒手

阿富汗治好了我轻信一切的病

报纸上报道：有一个团在进行军事演习和射击训练……我们读到这条消息时，觉得很不是滋味。我们曾经乘坐汽车去过那些地方，这种汽车的轮胎用改锥一捅就漏气，对于敌军来说是再好不过的射击靶子。每天都有人向我们开枪，每天都有人被打死……和我并排坐的一个小伙子被打死了……他是第一个我亲眼见到的被打死的人……那时，我们互相还不太了解……对方是用迫击炮打的……他身上留下了很多弹片……他拖了很长时间才咽气……他有时还能认出我们来。他死前呼唤的，是我们不熟悉的人名……

被派到喀布尔前不久，他差一点和一个人打起架来，他的一位朋友把他从我身边拖走，对和他起冲突的人说："你和他吵什么，他明天就要飞往阿富汗了！"

我们在那边可从来不像在这里，每个人都有自己的锅，自己的勺子。在那边，大家共用一个锅，我们有八个人。不过，阿富汗的故事并不吸引人，也不是侦探故事片。

一个被击毙的农民躺在地上，孱弱的身躯，一双大手……射击时，你会祈求（祈求谁，我不知道，也许你是在祈求上帝）：大地裂个缝，让我躲进去……石头裂个缝……

几条专门用来寻找地雷的狼狗，在梦中可怜巴巴地龇着牙。狗也会负伤，也会被打死。被打死的狼狗和被打死的人并排躺在一起，缠着绷带的狗和缠着绷带的人并排躺在一起。人没有大腿，狗也没有大腿。雪地上分不清哪是人的血，哪是狗的血。

缴获的武器堆放在一起：中国造的、美国造的、巴基斯坦造的、苏联造的、英国造的，这些东西都是用来消灭你的。恐惧比勇敢更有人情味，因为害怕，你就会怜悯，即使是怜悯自己……你把恐惧逼到潜意识里去了。你不愿意去想自己会躺在离家千里之外的地方，样子又可怜又渺小。人已经飞向宇宙了，可是现在人们和几千年前一样还在相互残杀，用子弹，用刀子，用石头……在村庄里，他们用木杈捅死我们的士兵……

我在1981年回国。到处是一片欢呼声，我们完成了国际主义使命。火车抵达莫斯科时是早晨，天刚亮。等到晚上再换乘，就得白白浪费一天时间，我可办不到。有什么车顺路，我就搭什么车，乘班车到加加林站，然后搭过路车到斯摩棱斯克，从斯摩棱斯克乘载重卡车到维捷布斯克，全程六百公里。当他们知道我是从阿富汗回来时，谁也不收费，最后两公里是徒步走回去的。

回到家中，一片白杨树的味道，电车叮叮当当，小姑娘在吃冰激凌。白杨树啊，白杨树多么芳香！可是那边是绿带区，有人躲在那里开枪射击。多么想看到家乡的小白桦树和小山雀呀！只要我一见到前边是拐弯的地方，整个身心都紧缩成一团，什么人躲在拐角后边？整整有一年时间我不敢上街，身上没有防弹坎肩，头上没有钢盔，肩上没有冲锋枪，活像一个光着身子的人。到了夜里尽做噩梦……有人向额头瞄准……可以掀掉半个脑袋的大口径子弹……夜里经常叫喊……有时紧贴住墙……电话铃声一响，我额头上就会冒汗——有人在射击……

报纸上照旧在报道：某架直升机完成了飞行演习……某某人被授予红星勋章……这时，我的病被"彻底治好了"。阿富汗治好了我轻信一切的病，过去我以为我国一切都正确，报纸上写的都是真事，电视中讲的都是事实。

"怎么办？怎么办？"我反问自己。

我总想干点什么事……总想到什么地方去……演讲，说一说……

我母亲阻止了我："我们已经这样过了一辈子啦……"

—— 一位摩托化步兵射手

人们在那边靠仇恨生存

我每天都对自己说："我真蠢啊，真蠢。我为什么要这么做呢？"

特别是夜里不工作时，这种念头总在我脑子里翻腾。

白天，脑子里考虑的是另外一些事：怎么帮助大家？伤势严重得吓人……使我震惊的是，为什么会有这种子弹？谁想出来的？难道是人想出来的吗？子弹入口很小，可是它在体内把肠子、肝脏、脾脏搅得一塌糊涂，把五脏六腑都炸烂了。把人打死打伤还不够，还要他受尽折磨……疼的时候，害怕的时候，他们总是喊："妈！"我没听见他们喊过别人……

我当时确实想离开列宁格勒，不管是一年还是两年，总得离开。先是我的孩子夭折，后来我丈夫去世。那座城市没有任何东西让我留恋，相反，处处都能勾起我的往事，催我离开。我们俩是在那里相会的……我们第一次在那里接吻……在这座产院里生下了我的儿子……

主任医生找我谈话："您愿意去阿富汗吗？"

"去。"

我想要看到别人比我更痛苦。我真的见到了。

那时，他们告诉我们，那是一场正义的战争，我们是帮助阿富汗人消灭封建主义的，以便建设光明的社会主义社会。至于我们的小伙子在那里送了命，却一字不提。我们还以为，他们是在那儿得了种种传染病，像疟疾、斑疹、伤寒、肝炎。

1980年……刚刚开始……我们乘飞机来到了喀布尔……英国人的一座马厩被改成了军医院。什么东西也没有……那么多人，只有一支注射器……军官们把酒精喝光了，我们只好用汽油给伤口消毒。氧气稀薄，伤口难以愈合。太阳帮了大忙，灿烂的阳光可以杀菌。我见到的第一批伤员只穿着内衣和皮靴，没有病号服，病号服运来得很晚。没有拖鞋，也没有被褥……

整个三月份，从我们的官兵身上切除的肢体——胳膊、大腿等，都堆放在帐篷外。尸体都半裸露着，眼睛被挖掉了，后背、肚皮上被划开一个五角星的形状……过去我只在描写国内战争的电影里见过这种惨状。那时还没有锌皮棺材，还没有着手制作这种棺材。

这时，我们才开始多多少少有所思考了："我们究竟是些什么人？"

我们的怀疑令某些人反感。没有拖鞋，没有病号服，可是到处挂着运来的标语口号、招贴画。站在标语前的，是我们那些骨瘦如柴、愁眉苦脸的娃娃兵，他们的样子永远铭刻在我的记忆中……

一周两次政治学习，反反复复教育我们：神圣的职责，边境必须固若金汤。部队里最讨人嫌的是要打各种报告：首长有指示，必须事事报告。每一件鸡毛蒜皮的小事，每一个伤员甚至每一个病号的情况，都要向上级报告。这就是所谓"掌握人们的情绪"……部队应当是健康的……必须对所有人都"敲打一番",不能有怜悯之心。可是我们怜悯人,那边一切都靠怜悯而存在……

救人,助人,爱人,我们为此来到这里。过了一段时间,我忽然发现自己产生了仇恨的心理。我恨这片细软的沙子,它像火一般烫人。我恨这些山,我恨这些房屋矮小的村庄,从那里随时随地都可能开枪射击。我恨偶然相遇的阿富汗人,不管他是扛着一筐瓜果,还是站在自己的屋前,谁知他昨夜去过什么地方。

我们认识的一位军官被打死了,不久前他在我们的医院里治过病……两个帐篷的士兵都被杀了……另一处,水里放了毒……有个人拾起一个漂亮的打火机,打火机在他手中爆炸了……死的都是我们的娃娃兵呀……我们的小伙子……应当明白这一点……您没有见过被火烧焦的人……没有脸……没有眼睛……躯体也没有……只剩下黄色硬皮包裹的皱巴巴的东西,表面有一层淋巴液……他发出来的声音不是叫喊,而是咆哮……

人们在那边靠仇恨生存,靠仇恨活下去。那么,负罪感呢?这种感觉的出现不是在那边,而是在这里,当我在这里开始旁观此事的时候。为了我们一个被杀害的士兵,我们会屠杀整个村子。在那边,我觉得事事都是正义之举,可是到了这里,我吓了一跳。我想起了一个小姑娘,她躺在尘土里,没有胳膊,没有腿……活像是一个损坏了的洋娃娃……我们那时还奇怪呢,他们怎么不喜欢我们。他们躺在我们的军医院里……你把药递给一个妇女,她连头也不抬,也不看你一眼。她永远不会对你微笑,这真让人委屈。在那边感到委屈，可是回到这里就不会了。在这里，你是个正常人了，所有的感情又复苏了。

我从事的是一种美好的职业——救死扶伤，这个职业拯救了我，让我解脱了。我们在那边为人们所需要。最可怕的是没能拯救所有人，只拯救了能够拯救的人。

本来可以拯救一个人，但没有必需的药品。

本来可以拯救一个人，但把他送来时，已经来不及了。（在卫生连里工作的都是些什么人？是没有受过良好训练的，只会包扎的士兵）

本来可以拯救一个人，但怎么也叫不醒喝得烂醉如泥的外科医生。

本来可以拯救一个人，可是……

我们甚至在死亡通知书里都不能写明真实情况。有些人踩上地雷被炸死了……一个大活人往往只剩下半桶肉浆……可我们写的是：在车祸中殉难，坠入深渊身亡，食品中毒等等。当死亡的人数超过一千时，我们才被允许向家属讲真话。我对尸体习以为常，但那是人啊，是我们的人，我们的同胞，我们的小伙子，一想到这些，我怎么也想不通。

送来一个小青年，那天正赶上我值班。他睁开眼睛，看了看我：

"喏，这下好了……"说完就断了气。

在深山里找了他三天三夜，找到了，运回来了。他不断地说着呓语："快叫医生，快叫医生！"他看见了白大褂，心想："这下得救了！"可他受的是致命伤。那时我才知道，什么是颅骨受伤……我们每个人的记忆中都有自己的坟墓……

他们死的时候也是不平等的。不知为什么，人们对战死疆场的人就多一些怜悯，对死在军医院里的人就少一些怜悯。可是他们死的时候，叫声都一样惨啊……我还记得抢救一位临死少校时的情景。他是军事顾问，他的夫人来了，她眼看着他死去……她开始号啕大哭，像只野兽……真想把所有的门都关死，别让任何人听见……因为隔壁的小兵们也奄奄一息……他们都是娃娃兵，没人能过来为他们哀泣……他们在孤独中死亡。这位夫人成了我们当中多余的人……

"妈妈！妈妈！"

"我在这儿，好儿子。"你应着，你在骗他。

我们变成了他们的妈妈，他们的姐姐。总想找个理由，说明我们这样做对得起他们的信赖。

战士们送来一个伤员，交了差之后却不肯离去。

"姑娘们，我们什么也不需要。我们就想在你们这里坐一会儿，可以吗？"

在国内，在家里，他们有自己的妈妈，自己的姐妹、妻子，他们在家里不需要我们。在那边，他们相信我们，甚至能把今生不会对任何人讲的掏心话全告诉我们。偷了同志一块糖，吃了，在国内是不值一提的小事，可是在那边，这是会使自己丢丑的大事。各种举动都能使人曝光。如果是胆小鬼，过不了多久，人人都能看清他是胆小鬼；如果是告密者，大家马上就能知道他是告密者；如果这个人好色，大家都会晓得他是个色鬼。

杀人也可以成为嗜好，杀人也可以变成乐趣。在这里，是否有人承认自己会说这类话，我没有把握，但在那边我可听到不止一个人如此夸口。

我认识一个准尉，他返回苏联前毫不隐讳地表示："以后我可怎么活呀？我总想杀人。"

他们讲这类话时，心平气和。小伙子们谈起怎样焚烧村庄，怎样践踏一切时，眉飞色舞！他们并非人人都是疯子啊？

有一次，一位军官到我们这儿做客，他来自坎大哈市近郊。到了傍晚，应当告别了，可他却躲进一间空屋子，开枪自杀了。别人说他喝醉了，我可不晓得。难受啊，天天都在难受中度日！一个小青年站岗时寻了短见，他是个娇生惯养的小孩子，在太阳底下要站三个小时，忍受不了。很多人都成了疯子，最初疯子们住在普通病房里，后来把他们隔离了。他们开始逃跑，他们害怕铁窗，他们和大家在一起时感到轻松些。

有个小伙子，他的样子我现在记忆犹新："你坐下……我给你唱一支复员歌。"

听着歌，他就入睡了。他醒来就说："我想回家……回家……去找我妈……这边太热……"

他总是请求让他回家。

很多人吸毒。白面，大麻……弄到什么就吸什么……吸了以后，人就变得有劲了，自由自在，无拘无束。首先是灵魂脱壳，好像腾云驾雾，觉得每个细胞都轻飘飘的，每块肌肉都硬邦邦的。你只要想飞，就像是在空中飞了！这种欢乐无法抑制，什么都喜欢，见了无论多么无聊的事都要笑。耳朵更灵了，眼睛更明了，味道、声音都能分辨得更清楚了……国家热爱自己的英雄！在这种状态下，杀人易如反掌。你摆脱了痛苦，丧失了怜悯心。死也容易，不知道什么是恐惧。你觉得自己像是穿了一身装甲坎肩，你已经是刀枪不入的人……

吸够了，拔腿便出发……我试吸过两次，都是在觉得自己的力量不够时……那时，我在传染病房工作，三十个床位，三百个病号。斑疹、伤寒、疟疾……虽然给病号发了行军床、被褥，可他们却躺在自己的军大衣上，地上什么铺的也没有，身上只剩下一条裤衩。他们的身体剃得光光的，可虱子还是成群地往下掉……衣服上的……脑袋上的……我以后再也没见过这么多虱子了……附近村庄里的阿富汗人，却穿着我们医院的病号服、头上顶着我们的褥单，褥单代替了他们的缠头。的确，我们的小伙子把什么东西都卖了。我不怪他们，或者不经常怪他们。他们为了一个月挣三个卢布而卖命，我们的士兵每月收入是八张兑换券。

三个卢布……给他们吃的是生蛆的肉、腐烂的鱼……我们都患了败血症，我前边的几颗牙都掉光了。他们卖掉被子、褥子，买白面儿，或者糖果、小玩意儿……小铺子里的东西琳琅满目，那边的东西让你眼花缭乱，那些东西我们这儿都没有。士兵们把武器、子弹卖了……好让人家用我们的枪来杀我们……

在那边经历了这一切之后，我以另外的视角看清了自己的祖国。

害怕回国呀！说来也奇怪，仿佛从你身上剥下了一层皮，我总是哭。除了到过那边的人以外，我谁也不想见，我和那些人可以整天整夜在一起。其他人的谈话，我觉得无聊，纯粹是瞎侃，如此持续了半年。如今，我排队买肉时也能破口骂街了。我想过正常人的生活，像"在这之前"那样生活，但是办不到。我对自己，对自己的生活已经漠不关心了。使命结束了，一切都完了，男人们习惯这种生活要更痛苦。女人可以一心去管孩子，可男人就没事可干了。他们回到国内，恋爱、生儿育女，但阿富汗对他们来说高于一切。我自己也想弄个明白：为什么会如此？这究竟是怎么一回事？为什么要发生这类事？为什么这些事让人如此揪心？在那边时，一切都压在心底，回来以后，一切又都冒了出来。

应当怜悯他们，怜悯所有到过那边的人。我是个成年人，当时已经三十岁了，还要经受这样的剧变，而他们是些孩子，什么也不懂。国家把他们从家里带走了，发给他们武器，对他们说："你们是去从事神圣的事业。"还向他们保证："祖国不会忘记你们。"可现在，谁也不理他们，还极力想把这场战争忘掉，所有人都是如此，包括那些派我们到那边去的人。甚至与我们见面时，也越来越少谈论战争，谁也不喜欢这场战争。可是直到现在，每次奏起阿富汗国歌时，我还会落泪。我爱上了阿富汗所有的音乐，它们像是麻醉剂。

不久以前，我在公共汽车上遇见一位士兵。我们给他治过病，他失去了右臂。我对他记忆犹新，他也是列宁格勒人。

我问："谢廖沙，也许，你需要些什么帮助吧？"

可是，他恶狠狠地说："滚你的吧……"

我知道他会找到我，向我道歉。可是谁会向他道歉呢？谁会向所有到过那边的人道歉呢？谁会向那些遭到摧残的人道歉？更不用说有人会向那些变成瘸子的人道歉了。一个国家需要怎样地不爱自己的人民，才能派他们去干那些事呀？！

我现在不仅仇恨任何战争，甚至仇恨顽童们的斗殴。

请您不要对我说：这场战争已经结束了。

每年夏天，只要呼吸一口灼热的尘埃，见到一潭死水里的闪光，闻到干枯的花朵刺鼻的香味，我的太阳穴就像是挨了一拳。

这种感受将伴随我们一辈子……

——一位女护士

他们永远不会知道这一切

我已经摆脱了战争，休整了一阵，不再过问此事了，可是我该怎样讲述过去发生的一切呢？那全身的战栗，那满腔的怒火……参军之前，我毕业于汽车运输技术学校，派我给营长开车。我对工作没有意见，可是大家一再谈论苏军在阿富汗的有限名额，每个政治部都收到这样的信息：我们的军队正牢靠地守卫着祖国的边疆，给予友好国家和人民以援助。

我们感到不安，说不定会派我们去打仗。为了消除士兵们产生的恐惧，当官的就耍了一套骗人的手法，这是我现在的理解。

部队首长把我们叫去问道："弟兄们，你们想开新车吗？"

这还用问吗？大家异口同声地说："是，想开！"

首长接着说："不过，你们要先到垦荒的地方去，帮助收割庄稼。"

大家都表示同意。

在飞机上，我们偶然从飞行员口中得知，飞机正在飞往塔什干。我不由得产生了怀疑：我们是去开荒的地方吗？飞机确实降落在塔什干了。我们排着队，被带到离机场不远的一块用铁丝围起来的地方。我们坐着，指挥员们心神不宁地走来走去，窃窃私语。到了午饭时间，他们往我们驻扎的地方搬来一箱又一箱的伏特加。

"成两列纵队，集——合！"

我们排好后，他们当即宣布：几小时以后，飞机来接你们，你们要到阿富汗共和国去履行军人的义务，去实现军人的誓言。

这下可热闹起来了，恐惧、惊慌把人变成了牲畜。有的人一声不响，有的人怒气冲冲，有的人因为委屈哭了，有的人傻了。这种出乎意料的、对我们进行的卑劣的欺骗，让人惊呆了。原来伏特加是为这事而准备的，这样就可以轻而易举地搞定我们。伏特加下肚之后，趁着酒劲发作，有些士兵企图逃跑。他们去找军官打架，可是营盘已被别的部队包围了。那些士兵把大家推上飞机，然后像装箱似的把我们塞进空空的铁皮舱里。

我们就这样来到了阿富汗。过了一天，我们就看到了伤员和死人。我们听到了这样的词语：侦察、战斗、战役。我仿佛觉得，发生的这些事让我休克过去了。只是过了几个月以后，我才渐渐苏醒过来，清楚地意识到周围的一切。

当我的妻子问："我丈夫是怎么去了阿富汗的？"回答她的是："他自愿申请去的。"我们部队里所有人的母亲和妻子，听到的也是这样的回答。如果伟大的事业需要我献出生命、献出鲜血，我会自愿地说："把我也列入志愿者中去！"可是我两次受骗，他们没有告诉我真相，没有说明那是一场什么样的战争。过了八年，我才知道真相。

我的朋友们躺在坟墓里，他们不知道自己是怎样被骗去参加那场卑鄙的战争的。有时我甚至羡慕他们，他们永远不会知道这一切，他们也不会再次上当受骗……

——一位司机

我们好像已经是死人了

　　我丈夫长期在德国服役，后来又去了蒙古。我非常想念祖国，我有二十年时间是在境外度过的，我对祖国的爱无法抑制。我给总参谋部打了一个报告，说："我一辈子都在国外，再也活不下去了。我请求帮我们回家……"

　　我们已经坐上了火车，可我还不相信，隔一分钟就问我丈夫一次："我们是去苏联吗？你不骗我吧？"

　　到了国内的第一站，我就抓了一把祖国的土，一边看一边微笑，这是家乡的土呀！请您相信我，我甚至吃了一口，还用它擦洗了脸。

　　尤拉是我的大儿子。我爱他甚于其他所有家人，虽然当母亲的承认这一点是不好的。我爱他甚于丈夫，甚于小儿子。他小时候，我睡觉都摸着他的小脚丫。有的妈妈去看电影，把儿子交给别人带，我简直不敢想象自己能做出这种事。他三个月大的时候，我就抱着他，带上几瓶牛奶，一起去看电影。可以说，我打算一辈子都和他在一起。

　　我全是按书本上的话，按理想人物的标准在教育他。他读一年级时，背诵的不是童话故事，不是儿童诗歌，而是整页的尼古拉·奥斯特洛夫斯基的小说《钢铁是怎样炼成的》。

女老师惊叹不已："尤拉，你妈妈是干什么的？你已经读了这么多作品。"

"我妈妈在图书馆工作。"

他知道理想，但不知道人生。我也这样，多年生活在远离祖国的地方，以为人生就是由理想组成的。

有这么一件事。那时我们已经回到了故乡，住在契尔诺夫茨市，尤拉在军事学校读书。有一天半夜两点钟，门铃响了，是他站在门口。

"是你呀，儿子？怎么这么晚回来了？为什么还冒着雨？看你全身都湿透了……"

"妈妈，我回来是要告诉你：我活得太艰难了。你所教的一切，生活中都没有……你是从哪儿找来的呀？……这还只是开始，以后我该怎么生活呢？……"

我们俩在厨房里坐了整整一夜。我能说些什么呢？不外乎还是那些：生活是美好的，人们是善良的。这都是真理。

他静静地听我讲。天一亮，他又返校了。

我不止一次对他说："尤拉，放弃军校，到非军事学校去读书吧。你的位置在那儿！我能看见你现在是多么痛苦。"

他对自己的选择并不满意，是一个偶然的机会让他成为军人的。他本可以成为一名优秀的历史学家，一名学者，他生活在《古希腊——何其美好的国度》这样的书里。

十年级寒假时，他去了一趟莫斯科。我有个哥哥住在那里，是位退役中校。

尤拉跟舅舅说："我想报考大学的哲学系。"

舅舅不赞成："尤拉，你是诚实的小伙子。我们这个时代，当一名哲学家是不容易的，既要欺骗自己，又得欺骗别人。你要讲真话，就可能会尝到铁窗的滋味，也许会把你送进疯人院。"

到了春天，尤拉决定了："妈妈，您什么也不要问，我要当军人。"

我在一个军事小镇见过锌皮棺材。那时老大在读七年级，老二还很小。我当时盼望着，等他们长大，战争也就结束了。难道战争会持续那么久？

"没想到战争和上学时间一般长，也是十年。"有人在尤拉的追悼会上说。

军校毕业晚会后，儿子当了军官。可是我不明白，尤拉为什么要到外地去。我从没想过，我生活中会有一瞬间和他不在一起。

"能把你派到什么地方去呢？"

"我申请去阿富汗。"

"尤拉——"

"妈妈，是您把我培养成了这样的人，现在您休想改造我了。您对我的教育是正确的，我在生活中遇到过那些败类，他们不是我们的人民，也不能代表我们的祖国。我去阿富汗，是为了向他们证实：人生中有崇高，不是每个人都认为有了满冰箱的肉食，就是有了幸福。"

申请去阿富汗的并非他一个人，许多男孩都写了申请报告。

他们都是良家子弟，有的父亲是集体农庄主席，有的父亲是教员……

我能对自己的儿子说什么呢？说祖国不需要这样做？他想向那些人证明人生中有崇高——那些人过去认为，将来也认为，他们去阿富汗只是为了捞点儿破烂衣服，捞点儿兑换券，捞几枚勋章，捞个一官半职……对他们来说，卓娅·科斯莫杰米扬斯卡娅不过是个狂热分子，不是理想人物，因为正常人是不会那么做的……

哭诉、哀求，我不知道我都干了些什么。我向他承认了我对自己都不敢承认的事，说我失败了，或者觉醒了，我不知道应当怎么说。

"小尤拉，生活完全不像我教你的那样。一旦我知道你到了阿富汗，我就会到广场上去，到断头台上去……我会把汽油倒在自己身上，然后自焚。你在那边会被打死的，不是为了祖国……你会被打死的，不知道为了什么……没有伟大的理想目标，难道祖国能派自己优秀的儿子去送死？这算什么祖国啊？"

他骗了我，说去蒙古。可我知道他一定会去阿富汗，他是我的儿子。

和他同时，我的小儿子盖纳也参军了。我对他放心，他成长为另一种人了。他们哥儿俩总是吵个没完。

尤拉："盖纳，你看书看得太少了。从来不见你膝盖上放着一本书，总是在摆弄吉他……"

盖纳："我不想成为你那种人，我想和大家一样。"

他们哥儿俩都走了，我搬到他们住的房间里去。除了他们的书、他们的东西和他们的来信以外，我对一切都丧失了兴趣。尤拉来信讲到蒙古，可是他把地理位置讲得混乱无比，这样我对他身在何处已不再存疑了。白天夜里想的尽是自己的经历，我仿佛把自己切成了碎块。这种痛苦，用任何一种语言、任何一种音乐也讲不清的。是我亲自把他送到那边去的，我亲自送的呀！

几个陌生人走进家里，看到他们的表情我就知道，他们给我带来了不幸的消息。

我退到屋里去，剩下最后一个可怕的希望："盖纳？"

他们的目光转向一旁，我当时下决心把一个儿子交给他们，以便拯救另一个。

"盖纳？"

他们中间有个人轻声说："不，是尤拉。"

我讲不下去了……讲不下去了……我已经死了两年了……我没有任何病，可我已经死了。我的整个肉体都是死的……我没有在广场上自焚……我丈夫没有把自己的党证退回去，也没有把它扔到他们的脸上……我们好像已经是死人了……不过，谁也不知道，连我们自己也不知道是不是……

——一位母亲

我们在忏悔

　　我一下子就把自己说服了："我什么都记不住……什么都记不住……"我们家里禁止提这件事。我妻子四十岁已满头白发，女儿原来留长发，现在是短发。夜间炮轰喀布尔时，怎么也唤不醒她，只好扯她的辫子。可是过了四年，我突然喜欢胡言乱语了……总想说话……昨天家里偶然来了几位客人，我的话就是止不住……有人送来一本相册……有人放幻灯片：直升机在村庄上空盘旋，一位伤员被抬上担架，他身边放着他那条被炸掉的大腿，脚上还穿着越野鞋……被判处死刑的俘虏们天真地望着镜头，再过十分钟他们就没命了……万能的真主啊！我回过头去，男人们在阳台上吸烟，女人们进了厨房。只有他们的孩子坐在那里，都是些小娃娃，小娃娃们对这些事挺好奇。我不知道自己身上发生了什么事，总想说话。为什么突然会如此？为的是永远不要忘记任何一件事……

　　那时我怎么样，那时我有什么感觉，用言语讲不清楚。也许再过四年，我能够说清我的各种感受。也许再过十年，一切声音都会变调，说不定变得无影无踪。

　　一种仇恨埋在我心头，有些懊丧。为什么我应当去？为什么这事儿让我摊上了？我感觉到了重担，但没有屈服，这一点令我感到心满意足。我开始从琐琐碎碎的事上做准备：随身带上一把小刀、一套刮脸用具……收拾完毕……这时就急不可耐了，希望快点和陌生的世界见面，免得热情冷却，激情过去。设想形成了……任何人都可以讲给你听……可是我身上发冷，或许是额头在冒汗……还有一种情况：飞机着陆时，既感到轻松又觉得兴奋，现在一切就要开始了，我们会亲眼看见，用手摸到，可以在生活中感受一番。

　　……

　　三个阿富汗人站在那里，他们在议论什么，他们在笑。一个肮脏的小男孩顺着货摊奔跑，一下子钻到柜台下边的厚布帘中不见了。鹦鹉绿色的眼睛瞪得圆圆的，盯着我。我望着这一切，不理解发生了什么事……他们没有中断谈话……背向我的人转过身来……我看见了手枪的枪口……手枪慢慢举了起来……举了起来……瞧，那个窟窿眼儿……我看见了。与此同时，我听见了扣扳机的生硬的声音，我不存在了……我在同一时刻既在这儿又在那儿……可我还没有倒下，我挺立着。我想和他们说话，可是发不出声来。"啊——啊——啊——"

　　世界像洗照片似的渐渐显现出来……窗户……高大的窗户……一种白色的东西，很大的东西，白色套着很重的东西……眼镜碍事，看不清脸庞……汗水往下滴……汗珠落在我的脸上，打得生疼……我想睁开那睁不开的眼睑，我听到轻松下来的叹息：

　　"咭，好了，中校同志，'出了一趟差'，回来了。"

　　可是当我抬头时，哪怕是转一下头，我的脑子就像掉到什么地方去了。又是那个小男孩往柜台下的厚布帘里钻……鹦鹉绿色的眼睛瞪得圆圆的，盯着我……三个阿富汗人站着……背向我的人转过身来……我的视线对着枪口……那是个窟窿眼儿……我看见它了……这次我不再等那熟悉的扣扳机声了……我大喊一声："我应当把你打死！我应当把你打死！"

喊声是什么颜色，有什么味道？血是什么颜色？在军医院里血是红色的，干沙上的血是灰色的，山岩上的血到了傍晚是蔚蓝色的，已经不新鲜了……重伤员身上的血好像是从打碎的玻璃瓶里流出来的一样，流得很快……人慢慢断气了……慢慢断气了……只有两只眼睛至死还闪着光，视线从你身边射过去……目不转睛地望着别处……

一切都付出了代价，我们为一切都付出了代价，全部付清了。

你从山麓往上看，重峦叠嶂，高不可攀。你坐上飞机，飞到上空，从上往下看，下边是一个个翻倒的狮身人面像。您明白我说的意思吗？我说的是时间，是事件之间的距离。当时连我们这些当事人也不知道，那是一场什么样的战争。请您不要把今天的我与昨天的我，即 1979 年到过那边的人弄混了。是的，我当时还相信！ 1983 年，我回到莫斯科。这里人的生活，这里人的活动，给人的感觉是似乎我们这些人从未去过阿富汗那边，也没有发生任何战争。

我走在阿尔巴特街上，问了几个人：

"阿富汗战争打了几年了？"

"不知道……"

"战争打了几年了？"

"我不知道，您问这事干什么？"

"几年了？"

"好像是两年……"

"几年了？"

"怎么，那边在打仗？真的吗？"

那时我们都是怎么想的？怎么想的？你们不吱声？！我也不吭气。中国有句智慧的谚语："站在死狮脚下吹牛的猎手令人厌恶，靠近伤狮身旁自豪的猎手值得尊重。"[①] 有人可以谈论错误。说真的，我不知道那个人是谁，但我不谈。有人问我："为什么您当时沉默？那时您已不是孩子了，那时您已经快五十岁了。"

您要知道，我在那边开过枪，但同时我又尊敬那个民族，我甚至热爱那个民族。我喜欢他们的歌曲，他们的祈祷声平缓舒展，悠悠缠绵，如同他们的山峦。但是，我只谈我自己，我真诚地相信，帐篷不如五层楼房好，没有抽水马桶就没有文明。我们给他们一大堆抽水马桶，帮助他们建筑石头楼房。我们给他们运去办公桌、盛水用的玻璃瓶、正式会议用的红色桌布，还有成千上万的马克思、恩格斯、列宁的相片。这些相片挂在所有的办公室里，挂在每一位首长头上。我们给他们运去黑色的"伏尔加"牌轿车，还有我们的拖拉机，我们的种牛。农民不愿意接受分给他们的土地，因为土地属于真主所有。被炸毁的清真寺的塔顶，像是从宇宙深处向我们窥视……

我们永远不会知道，蚂蚁是怎么观看世界的，请您在恩格斯

[①] 这句谚语未查到出处，也许是假托。

的著作中找找看吧。

东方学者斯宾塞罗夫说："阿富汗是不能收买的，只能转让。"

有天清晨，我吸烟时看到烟灰缸上有只小蝎虎，像五月金龟子。过了几天，我回来了，蝎虎仍在烟灰缸上，还是那个姿势，连头也没有转动一下。我明白了，这就是东方。我消逝十次，再生十次，我粉身碎骨，再挺身而起，可是它还没有转动一下它的小脑袋。按照它们的日历，现在是 1365 年……

我坐在家里的沙发上，靠近电视机。我能够杀人吗？我连苍蝇也不会打死，至今从市场买回来的活鸡都是我的妻子宰杀。头几天，甚至头几个月，看到子弹打断桑树枝，觉得远不像是现实……战斗心理学是另一种样子……一边跑，一边捕获目标……注意前方……斜视左右……我没有统计我杀死过多少人……可是我跑过……捕获过目标……在这里……在那边……寻找运动中活的目标……自己也当过目标……当过靶子……不，从战争中回来的人里没有英雄……从那边不可能像英雄一样归来……

为一切都付出了代价，我们为一切都付出了代价……

您可以想象，1945 年时某个士兵的样子，您喜爱他，整个欧洲都喜爱他。他天真，带点傻气，腰间系着宽皮带。他什么也不需要，他需要的是胜利，是回家！可是这个士兵呢，回到你们那栋楼房，那条街，已经是另外一种人了，这个士兵需要牛仔裤和录音机。古人早就说过："不要唤醒沉睡的狗。"不要给人以非人的考验，他经受不住。

我在那边无法阅读我喜爱的陀思妥耶夫斯基的作品，阴森森的。我随身带的是幻想小说，布雷德贝里的作品。谁愿意永恒不死？没有这样的人。

可是有过那种人啊，有过！我还记得……有人让我在监狱里见过一位那样的人，那时我们把他称为匪帮首领，他躺在铁床上看书……书的封面熟悉……列宁的《国家与革命》……他说："可惜我读不完了，也许我的孩子们能把它读完……"

学校被大火烧毁了，只剩下一堵墙。每天早晨孩子们来上课，他们用大火后留下的木炭在墙上写字。下课以后，用石灰把墙再粉刷一遍，于是墙又像一张干净的白纸……

从林区运来一位没有胳膊没有腿的中尉，一切男性特征都没有了。从休克中苏醒以后，他说的第一句话是："我的弟兄们在那边怎么样了？"

为一切都付出了代价，我们付出的比任何人都多，比你们更多。

我们什么也不需要，我们什么都经受了。请您听完我们的话，希望您能理解我们。大家都习惯于给药品、退休金、住房……这个"给"字是用昂贵的"外汇"——鲜血换来的。我们是来向你们忏悔的……我们在忏悔……请不要把忏悔的秘密忘记……

——一位军事顾问

为什么逼我回忆

　　这样结束还真算不错，以失败告终，这样会擦亮我国人民的眼睛⋯⋯

　　我无法讲述发生的一切，那是一种幻觉。过去的事已经过去了，剩下的事是我亲眼所见的。我记得的事，只是整体中的一部分。后来出现的事，是我能够讲述的。为谁而讲呢？为了阿廖沙，他死在我怀里，他肚子里有八个弹片。我们从山上把他运下来，花了十八个小时。他活了十七个小时，到第十八个小时的时候，他死了。为阿廖沙而回忆，这么做是从相信人有所需这一观点出发的。我相信他再也不会疼了，再也不会怕了，再也不会害羞了。既然如此，何必再让往事翻腾呢？

　　您想知道我们有什么理想？您大概把我们看成另一种人了。您应当了解，在异国他乡多么困难啊，不知为什么而战，还能有什么理想？我们在那边的时候，大家都是同样的人，但不是志同道合者。使我们变得相同的，是我们都可以杀人，而且也都杀过人。但仅仅把到过那边的人和没到过那边的人调换一下位置，一点就不难理解了。我们各不相同，但我们处处相同，无论在那边还是在这里。

　　我记得在六年级或七年级时，教俄罗斯文学的女老师把我叫到黑板前：

"谁是你敬爱的英雄人物，是恰巴耶夫①还是保尔·柯察金？"

"是哈克贝利·费恩②。"

"为什么是哈克贝利·费恩？"

"哈克贝利·费恩……当他考虑是出卖逃亡的黑人吉姆，还是为他下地狱，让大火把自己烧死时，他对自己说：'管他呢，让我下地狱去让火烧吧。'他没有出卖吉姆。"

下课以后，我的朋友阿廖沙问我："如果吉姆是白军，你是红军，怎么办？"

我们一辈子就是这么活着的——白军和红军，谁不和我们在一起，谁就反对我们。

在巴格拉莫附近，我们走进一个村子，请村民给点东西吃。按他们的教规，如果一个饿肚子的人来到你家，你不能拒绝给他热饼吃。妇女们让我们坐在桌前，给了我们吃的。我们离开后，全村人用石头和棍棒活活把她们和她们的孩子给砸死了。她们本来知道自己会被打死，但是并没有把我们赶走，而我们也带着自己的教规走进她们的家……我们甚至还戴着帽子出入他们的清真寺……

为什么逼我回忆？这一切都是不便公开的事，我打死的第一个人，我流在细沙里的血，还有像烟囱一般高的骆驼脑袋，在我

---

① 瓦西里·恰巴耶夫（1887—1919）旧译夏伯阳，苏维埃国内战争时期的英雄，红军指挥员。

② 哈克贝利·费恩：马克·吐温小说《哈克贝利·费恩历险记》中的主人公。

失去意识之前，它在我头上摇晃了一下。当时在那边我和大家一样……我一生中只有一次拒绝和大家一样。那是在幼儿园里，保育员让我们手拉着手，可我喜欢独来独往，年轻的保育员对我不守规矩的行为容忍了一段时间。过了不久，她们中有一位出嫁了，走了，克拉娃阿姨被派来代替她。

"谢廖沙，拉着手。"克拉娃阿姨把另一个小男孩领到我面前。

"我不愿意。"

"你为什么不愿意？"

"我喜欢一个人走路。"

"你要像所有听话的男孩和女孩一样，手拉手。"

"我不拉。"

那天散完步以后，克拉娃阿姨把我脱了个精光，连裤衩和背心也给扒掉了。然后把我带到一间空荡荡、黑乎乎的房间里，让我在那儿待了三个小时。第二天，我和谢廖沙手拉手地散步了，我变得和大家一样了。

在小学里由班集体做决定，在学院里由系集体做决定，在工厂里由全体职工做决定，处处有人替我做决定，对我的教育是：单枪匹马，一事无成。

我在某本书里读过这么一句话："扼杀勇气。"派我到那边去时，我心里已经没有什么东西值得扼杀了。

"志愿战士，向前迈两步。"

所有人都向前迈了两步，我也向前迈了两步。

在申丹德，我见到了两个精神失常的我国士兵，他们一直在和"杜赫"交谈。他们按十年级历史课本里的说法，给这些"杜赫"讲解什么是社会主义……

"问题是：偶像是个空壳，祭司坐进去，坐在里边教训百姓。"这是寓言作家克雷洛夫老爷爷说过的话。

我十一岁时，有一天，一位获得"特等射手"称号的大婶来到学校，她说她打死过七十八个"德国鬼子"。那天我回家以后，说话结结巴巴，夜里发起高烧。父母认为我患了流行性感冒，这种病容易传染，我在家里待了一周，天天看自己喜欢的小说《牛虻》。

为什么逼我回忆往事？我不肯再穿上打仗前我穿过的牛仔裤、衬衫了，那是我不熟悉的陌生人的衣服，虽然衣服上还留着我身上的气味，按妈妈的说法。

那个人已经不存在了，那个人不存在了。另一个人，也就是现在的我，只是顶着他的名字而已。请不要写出他的名字……不过我还是喜欢原来那个人。

"神父，"牛虻向蒙泰尼里问道，"现在你的上帝得到满足了吧？"

现在我能向谁抛出这手榴弹一般的问话呢……

——一位普通炮兵

这里造就的都是扭曲的人

我怎么会去了那儿？很简单，因为我相信报纸上所有的话。

我对自己说："以前的人们建功立业，敢于自我牺牲，如今我国青年什么事也干不成，我也是这路货色。那边在打仗，可我在为自己缝制新连衣裙、设计新发型。"

妈妈哭哭啼啼："宁肯死我也不答应。我生你们，不是为了到头来分别埋葬你们的胳膊和大腿。"

最初的印象是喀布尔的转运站——铁蒺藜，肩挎自动步枪的士兵，狗吠声。全是妇女，有几百名妇女。军官们来了一个又一个，挑选比较年轻可爱的女性，明目张胆地选。有个少校把我叫过去："如果你不嫌弃我这部汽车，我就把你送到我的军营里去。"

"什么汽车？"

"运输'载重二〇〇'的汽车……"

我当时已经知道了，"载重二〇〇"就是运送死人、运送棺材的车。

"有棺材吗？"

"现在马上卸下来。"

装了帆布篷的普通"卡玛斯"载重卡车。士兵们卸棺材时如同往下扔子弹箱，我吓了一跳。士兵们明白了："这是个新来的妞儿。"我来到了驻地，气温高达六十摄氏度，厕所里，苍蝇多得似乎可以用翅膀把你抬起来。我失魂落魄，我是此地唯一的女人。

两个星期以后，营长召见我："你得和我住在一起……"我抗拒了两个月，有一次几乎把手榴弹抛了过去，另一次我操起刀子。这些话听得我耳朵磨出了老茧："你想挑选个有天上的星星那么大的人物……你想喝茶还能吃上黄油……迟早会自己找上门来……"我从来没有骂过人，这次憋不住了："你给我他妈的从这儿滚开……"

我爱骂人了，我变得粗野了。我被调到喀布尔招待所当管理员。最初，我像只野兽似的对待所有人。别人认为我有毛病："你发什么疯？我们又不想咬你。"

可是我已习惯于自卫，改不了了。

每当有人唤我："进来喝杯茶。"

"你叫我进去喝茶还是上床？"

这样一直延续到出现我的……真爱？这里没有这么说的。他把我介绍给他的朋友时，说："我的妻子。"

我对着他的耳根说："阿富汗时期的。"

我们乘坐装甲输送车外出，我用自己的身躯掩护了他，所幸子弹打在舱门上，他背身坐着。我们回来以后，他给妻子写了一封信，讲了我的事。后来足足两个月，他没有收到家中的来信。

我喜欢出去射击，一打就是满满一梭子，打完我觉得轻松了。

我亲手打死了一个"杜赫"，那次我们进山去呼吸新鲜空气，观赏风景。听到石头后有"沙沙"声，我像触了电，往后退了几步，随即打了一梭子，我先开的枪。我走过去看了看：一个健壮漂亮的男人躺在地上……

弟兄们说："我们可以和你一起去侦察。"

我好不神气！我没有伸手去取他包里的东西，只拿走了手枪，这事也让他们高兴。后来，他们一路上都在保护我，怕我不舒服，恶心，我什么事都没有……

回来以后，我打开冰箱饱餐了一顿，足足顶得上我平常一周的饭量，我感觉神经活动失常了。有人送来一瓶伏特加，我喝了，可是没有醉。我有些后怕，当时如果没有命中目标，我妈就会领到"载重二〇〇"。

我想参加战争，但不是这场战争，而是伟大的卫国战争。

哪儿来的仇恨？很简单，一个战友被打死，当时你和他在一起，两人共用一个饭盒吃饭。他满身是血，躺在地上。看一眼，什么都明白了，这时的你会疯狂地射击。

我从不习惯于考虑大问题，如："这场战争是谁挑起来的？责任在谁？"

就这个问题，我们有一个喜欢讲的笑话。有人问亚美尼亚电台："什么是政治？"亚美尼亚电台回答说："您听见过蚊子的叫声吗？那么政治——比它的叫声还细。"

让政府从事政治吧，人们在此地见到的是血，人变野蛮了……人们看到烧焦的人皮怎样卷成筒，仿佛是蹭破了的卡普纶长裤……枪杀动物时的场景惨不忍睹……向驮运队开枪，因为他们在运武器。人单独处决，骡子也单独处决。他们都默不作声，等待死亡。受伤的骡子嚎叫起来，活像用尖锐的铁器在铁板上划拉，十分瘆人。

我在这儿有另外一副长相，有另外一种嗓音。听听我们这些姑娘坐在一起讲着怎样的话，你就可以想象出我们在当时都是些什么样的人了：

"他可真是个浑蛋！跟中士吵一架就去投奔'杜赫'，还不如一枪把他撂倒，可以记入阵亡名单。"

话讲得直截了当。很多军官以为那边和苏联国内一样：可以随便打骂士兵，可以随便污辱他们……干这种事的人在那边会被打死……战斗中有人会从背后开枪……到时你自己想法子查出来这人是谁吧。

深山哨所的弟兄们一年见不到人影，直升机一周起飞三次，我去了。大尉走到我跟前："姑娘，请您摘掉军帽。"

我那时留着长发。

"我一年没有见过女人了。"

所有士兵都从战壕里钻出来看热闹。

一次战斗中，一位士兵用自己的身体掩护了我。不管能活多久，我永远不会忘记他。他并不认识我，他之所以那么做，就因为我是个女人。这种事，你能忘吗？日常生活中，你怎样检验一个人是否会用自己的身体掩护你？

好人在这儿更好，坏人在这儿更坏。双方在交火，有个士兵朝我喊了一句下流话，一句脏话，他被打死了，炸掉了半个脑袋、半个身子。他就死在我眼前……我像得了疟疾，全身颤抖。尽管在这之前，我见过裹着尸体的塑料纸大口袋……尸体用金属薄片包着，活像是大玩具娃娃……但让我全身颤抖的事情我还没遇到过……那次我怎么也平静不下来……

我从来没有见过佩戴战斗奖章的姑娘，她们即使有也不会佩戴。有个姑娘戴上了"战功"奖章，大家都笑她，说那是"性功"奖章……因为大家都知道：和营长睡上一夜就可以得一枚奖章……为什么妇女们会在这儿？难道没有女人他们就活不下去？这样下去，有些军官先生会变成疯子。

为什么妇女争着要到这儿来？你会有钱……会买一台磁带录音机，买一些东西。回国以后，可以把东西卖掉。在苏联挣的钱，没有在这儿，在阿富汗挣得多。咱们谈的是真实情况……有的姑娘为了弄到一件衣服，便和当地人厮混。你一走进阿富汗商店，孩子们就叫喊："姑娘，干不干……"然后指指偏房。本国军官付的是兑换券，有的女人平常就这么说："我去找个给兑换券的主儿……"

这都是真事。像这个笑话里讲的一样：多头蛇先生、永生先生和巫婆在喀布尔转运站相遇，他们三个人都去保卫革命。两年以后，他们在归国的路上重逢：多头蛇先生只剩下一颗头，其他部分都被割掉了；永生先生奄奄一息，因为他是"永生"的；巫婆身穿华丽衣裳，戴着首饰，满面春风。

"我在办理手续，要求再留一年。"

"巫婆，你疯了！"

"我在苏联是巫婆，在这儿可是美女瓦西莉萨①。"

_____

① 多头蛇、永生先生、巫婆、瓦西莉萨，都是俄罗斯童话中的主要人物。

是啊，在这里造就的都是扭曲了的人，特别是小兵们，十八九岁的孩子们。他们在这儿见的世面太多了，太多了……他们看到一个女人为了一箱猪肉罐头，甚至不是一箱，仅仅是两筒，便出卖了自己的身体。见过这种场面的小兵，将来会用这双眼睛看待自己的妻子，他们在这儿被扭曲了。以后他们回到苏联，如果品行不端，也不必大惊小怪，他们经受的是另一种体验。他们已经养成用自动步枪、用武力解决一切问题的习惯……阿富汗小贩在卖西瓜，一个西瓜一百阿币。我们的士兵希望再便宜些，小贩不干。"啊，既然如此！"有个士兵端起自动步枪，便把堆积如山的西瓜全都给打烂了。假如你在无轨电车里踩了这么一个人的脚，或者排队时不让他加塞，那你就瞧好吧……

我曾经梦想：回家以后，把折叠床搬到花园里，在苹果树下美美地睡一觉……在苹果树下……可是如今我感到害怕，特别是现在。我国准备撤军之前，我听很多人说："我害怕返回苏联。"

为什么？很简单。我们回来了，国内的一切都变了。两年后，人们穿的是另一种时装，听的是另一种音乐，街道也变了样……大家对战争的态度也不同了……我们会像是一群白色的乌鸦[1]……

——一位女公务员

---

[1] 白乌鸦：指标新立异的人，或与周围格格不入的人。

我感到羞耻

当时我太相信了，所以现在也改变不了自己的看法。无论别人对我说什么，无论读到什么，我每次都会为自己留一条小小的后路，这是自我保护的本能。

参军前，我毕业于体育学院。最后一次毕业实习，是在儿童夏令营"阿尔捷克"进行的，我担任辅导员，在那儿讲了很多次崇高的话，如"少先队员的誓言"，"少先队员的事业"……我主动到军事委员会申请："派我到阿富汗去吧……"政治部副主任给我们作了关于国际形势的报告，他说我们比美国"绿色贝雷帽"仅仅抢先了一个小时，他们已经在空中了。自己的轻信使人感到难堪，他们一而再，再而三地向我们灌输，说这是"国际主义义务"，最后把这种思想硬灌进了我们的头脑里。但我永远也做不到完全相信这一点……我对自己说："把粉红色的眼镜摘掉吧！"我不是1980年去的，也不是1981年，而是1986年，那时大家还守口如瓶。1987年我已经到了赫斯特，我们占领了一个小山头，七个弟兄被打死。莫斯科的新闻记者来了……给我们带来了几个"绿人"（即阿富汗人民军），好像是他们夺回了小山头……做样子的是阿富汗人，而在停尸房里躺着的是我们的士兵……

他们选择最优秀的士兵到阿富汗参加"军训"。谁都怕被派到土拉、普斯科夫或者基罗沃巴德去，因为那里又脏又闷，所以大家都要求去阿富汗，争着到那里去。

兹多宾少校劝我和我的朋友萨沙·克里夫佐夫收回自己的申请书："让你们两人当中某一个去送死，还不如让西尼钦去。国家培养你们花了不少钱。"

西尼钦是个农村小伙子，拖拉机手。

我已经拿到了毕业文凭，萨沙正在克麦罗沃大学日耳曼—罗马语系读书。萨沙歌唱得非常好，会弹钢琴、拉提琴、吹横笛、弹吉他，还能谱曲，他画画也好。我和他情同手足。

上政治课时，教官给我们讲功勋、英雄，说到阿富汗就是当年的西班牙时，他突然插了一句："与其让你们牺牲，不如让西尼钦去。"

从心理学观点审视战争，是很有意思的。首先，得研究自己，这事挺吸引我。我曾问了去过那边的熟悉的弟兄们。有一个人，按我现在的理解，是给我们胡吹乱编了一通。他胸口有一个很大的伤疤，好像是被烧伤的字母"P"，他为此特意穿着开口汗衫，以便向人们炫耀。他编造说他们怎样深夜乘直升机在山上降落，我还记得他说："空降兵拉开降落伞的前三秒钟是天使，空中飞翔时的三分钟是雄鹰，其余时间是拉套的马。"我们对这一切都信以为真。现在我真想再碰见这位荷马！像他这类人，后来都被当面揭穿了："如果有脑子的话，一定是受了挫伤。"

另一个小伙子和他相反，他一再劝说："你不要到那边去。那边是污秽天地，不是浪漫世界。"

我不爱听他的话："你尝过那种滋味了，我也想去尝一尝。"

他教我怎么活命。有十诫："放一枪后，就赶快闪开，躲到离开枪地点两米的地方。把自动步枪的枪筒藏到农舍或者山岩后边，免得被对方发现火苗，记下你的位置。走路时，不要喝水，否则走不到目的地。站岗时，不要打盹，可以用手指挠脸，用牙咬手。空降兵先是要拼命跑，之后是能跑多少算多少……"

我的父亲是位学者，我的母亲是位工程师，他们培养我从小要有个性。我想成为一个有个性的人，我曾被开除出十月儿童团①，很长一段时间我没被吸收进少先队。我为荣誉进行了斗争，后来给我戴上了红领巾，我不肯摘掉，睡觉时也戴着。

上文学课时，女教员打断我的发言："你不要讲自己的看法，你要照书本上那样说。"

"难道我讲得不对？"

"你讲的和书本上的不一样……"

这像是童话故事中，皇帝除了灰色不喜欢其他颜色，所以这个国家里所有东西都是老鼠皮色。

我现在告诉自己的学员们："你们要学会动脑子，免得又被造就成一批新的糊涂虫，一批小锡兵。"

参军前，是陀思妥耶夫斯基和托尔斯泰教我如何生活，在部队里是中士教我如何生活。中士的权力无限大，三个中士一个排。

"听我的命令！空降兵应当具备什么？重复一遍！"

---

① 十月儿童团是苏联儿童加入少年先锋队前的组织，吸收一至三年级的小学生或学龄前的儿童。

"空降兵应当有一张恶脸、一双铁拳和一颗黑心。"

"良心——对于空降兵来说是无用之物。重复一遍！"

"良心——对于空降兵来说是无用之物。"

"你们是卫生营，卫生营是空降部队的贵族。重复一遍！"

摘录一段某士兵的信："妈妈，你买一只小狗崽，给它起个名字叫中士，等我回家以后，我就把它宰了。"

制度本身在愚弄人的意识，人家可以随意捉弄你，你没有能力抗拒。

早晨6点起床。起床——重来。下床——上床——反复三次。

三秒钟之内，要在起跑线上排好队——白色的油漆布，白色的，以便经常洗刷、擦亮。三秒内，一百六十人要从床上跳下来、排好队。四十五秒内穿好三号军服，也就是全套衣服，不过不扎腰带、不戴帽子。有个士兵有一次没来得及缠好脚布。

"全体解散，重复一次！"

他又没能跟上。

"全体解散，重复一次！"

体操锻炼，白刃战，学习包括空手道、拳击、桑勃式摔跤，以及与持刀者，持棒者，持工兵锹、持手枪、持自动步枪者的各种格斗方法。

他——手持自动步枪，你——空手。

你——手持工兵锹，他——空手。

像兔子那样跳着前进一百米，用拳头砸碎十块砖。

我们在练兵场上累得半死不活。

"你们学不会就别想离开这儿。"

最困难的是战胜自己，不怕疼。

洗漱时间：五分钟。一百六十人只有十二个水龙头。

"站队！解散。站队！解散。站队……"

清早查房：检查各种金属牌，它们必须闪闪发光，如同公猫的某个部位；检查白色衣领；帽子里要有两根带线的针。

"向前，齐步走，回原位。向前，齐步走……"

一天只有半小时自由时间。午饭后，是写信的时间。

"列兵克里夫佐夫，为什么你坐在那儿不写信？"

"中士同志，我正在想。"

"为什么你回答的声音这么小？"

"中士同志，我在想。"

"为什么不像教你的那样大声喊？看来，需要让你'对着窟窿'进行一番训练。"

"对着窟窿"训练，就是对着便桶叫喊，练出发号施令的嗓门。中士站在背后看着你，要听到隆隆的回声。

摘录士兵的一些术语：

解除——我爱你，生活。

清晨查房——人们，相信我吧。

晚间查房——我见过他们的面。

蹲禁闭——远离祖国。

复员——远方的星光。

战术训练场地——蠢人乐园。

洗盘器——光盘（盘子像光盘那样旋转）。

政治部副主任——灰姑娘（在军舰上被称为乘客）

卫生营——空降部队的贵族。重复一遍！

我们总觉得吃不饱，梦寐以求的地方是军人商店，在那儿可以买到蛋糕、糖块、巧克力。射击得了五分，允许你逛一次商店。

没钱花了，便卖几块砖。我们拿上一块砖，两个彪形大汉走到新兵跟前，知道他兜里有钱："你，买下这块砖。"

"我买它干什么？"

我们把他围起来：

"买下这块砖……"

"多少钱？"

"三卢布。"

他给我们三卢布，然后走到拐弯处，把砖扔了。我们用这三卢布可以饱餐一顿，一块砖值十块蛋糕。

"良心——对空降兵来说是无用之物，卫生营是空降部队的贵族。"

看来，我是个不错的演员，因为我很快就学会扮演我应当扮演的角色。如果被人说成"婴儿"就最倒霉了，这个词里含有阴柔、缺乏阳刚之气的意思。

三个月以后，我被除名了。怎么什么都忘了呢？不久前我和一个姑娘接过吻，坐在咖啡厅里，还跳过舞。仿佛不是过了三个月，而是三年，你又回到了文明世界。

晚上。

"猴子们，站队！空降兵最重要的是什么？空降兵最重要的是别从地球边上飞过去。"

临行前举行了新年晚会。我化装成严寒老人，萨沙化装成白雪公主，这很像是在学校里举办的活动。

我们徒步跋涉了十二个昼夜……只有山比山更可恶……我们在躲避匪帮……我们靠兴奋剂行军……

"卫生指导员，给我一点'发疯的药'。"

这是精神麻醉药美索卡，我们把所有的药都吃光了。

我连笑一下的力气也没有了。

"您哪儿不舒服？医生问'猫先生'列奥波利德。"不知谁先开了口。

"我讨厌耗子。"

"讨厌耗子——不讨厌耗子……全都明白了。您太善良了。您应当发疯。这是'发疯的药'，一天服三次，每次饭后一片。"

"效果呢？"

"您会变得像头野兽。"

第五天，有个士兵等所有人都走到前边去以后，把自动步枪对准喉咙，开枪自杀了。我们不得不拖着他的尸体、他的旅行袋、他的装甲坎肩、他的头盔。我们没有悲伤。他知道，我们不会抛下他的尸体不管，我们会把尸体带走。

当我们退伍准备回家时，第一次可怜起他来了。

"一天服三次，每次饭后一片……"

"效果呢？"

"您会变得像头野兽。"

炸伤最可怕，一条腿从膝盖处被炸掉了，骨头支在外面，另一条腿炸掉了脚后跟……生殖器也被削掉了……一只眼睛炸没了，一只耳朵也炸掉了……

心脏第一次跳得这么厉害，嗓子眼里发痒……我对自己说："你现在不动手，永远当不了卫生指导员。"

截掉两条腿……用止血带缠紧，止血、消疼、催眠……爆破弹打入肚子，肠子挂落在外面……包扎、止血、消疼、催眠……坚持了四个小时，还是断了气……

药品不够用，连一般的绿药水也没有了。也不知是未能及时运到，还是定额已经用完了，咱们是计划经济。想办法弄了些缴获品，都是进口药。我的药包里永远有二十支日本制的一次性注射器，聚乙烯软包装，摘掉套子便可注射。我国产的"列科尔德"注射器，垫纸被磨损后，就变成没有消毒的注射器了，一半不能注射，也不能抽血，成了废品。我国的瓶装代血浆容量为半升，抢救一位重伤员需要两升，也就是四瓶。在战场上举着胶皮气管能待一个小时吗？这是办不到的。你又能背上几瓶呢？意大利人采取什么办法？他们的聚乙烯袋容量一升，你就是穿着皮靴跳起来踩它，也不会破。还有，普通的苏联消毒药布包装极次，包装的重量甚至超过药布本身。而进口的呢……泰国的，澳大利亚的，不知为什么就又薄又白，我们根本就没有弹性药布。我们使用的夹板也是缴获来的……法国的，德国的……而我们国产的夹板呢？简直是滑雪板，而不是医疗器材。你随身能携带几条？我曾经用过英国造的，分别用在前肩、膝盖、腰部，有拉链，可充气。把手伸进去就可以拉上，断的骨头就固定住了，运输时还可以防震。

九年来，我国没有开发任何新产品。药布和原来的一样，夹板也是原来的那种。苏联士兵是最廉价的士兵，也最耐用。1941年如此，五十年后仍然如此，为什么？

别人向你开枪，而不是你朝他们开枪，那是可怕的。如果经常想这些事，就可以活下来。我从来没坐过第一辆和最后一辆装甲输送车，从来不把双腿伸进舱口，最好让它们在装甲钢板外边吊着，免得爆炸时被炸断。我总是随身带着能抑制恐惧感的德国药片，可是没人用过。

战场上很少有像苏联士兵这样的。他们自己搞鞋子穿，自己找衣服穿，自己找食物吃。我国生产的装甲坎肩抬不动，而美国造的装甲坎肩没有一点铁的东西，他们使用的是一种子弹穿不透的材料，用"马卡洛夫"牌手枪近射也打不穿，用自动步枪在一百米内才能打穿。美国睡袋是1949年样式的，天鹅绒，非常轻。我国的棉袄最少有七公斤重。我们从击毙的雇佣兵身上扒下上衣、长檐帽、中国裤子，中国裤子不勒股沟。什么都要，连裤衩也要，因为裤衩不够用，还有袜子，旅游鞋。我弄到一个小手电筒，一把匕首。我们猎野羊，凡是离群五米的羊都算是野羊。有时也以物换物，用两公斤茶叶可以换一只羊，茶叶是缴获的。从火线上还能带回一些钱来——阿币，谁官大，谁就从我们手中抢走。他们当着我们的面就把钱分了，不回避，不躲躲藏藏。你要是把阿币塞进弹壳里，上边撒点火药，或许能留下两张。

有的人想喝醉，有的人想活命，有的人盼望获奖，我也想获奖。在苏联国内见了面，人家会问："喏，你得了什么？怎么，司务长，你只管过军需？"

我为自己的轻信感到委屈。政治部副主任让我们接受的是他们早已弄清楚，自己也不相信的事。

回国前，政治部副主任叮嘱我们什么可以讲，什么不可以讲。不能讲阵亡的人，因为我国军队既庞大又强大。关于条令规定之外的关系也不能扩散，因为我国军队既庞大又强大，道德也是健康的。照片要撕碎，底片要销毁。我们在这边没有射击，没有轰炸，没有下毒，没有爆破，我们是庞大的、强大的、道德健康的军队。

海关把我们携带的各种礼品都没收了：化妆品、头巾、手表……

"弟兄们，禁止携带这些东西。"

没收的东西根本不登记，其实成了他们捞的外快。

春天的绿叶真香啊！姑娘们身穿薄薄的连衣裙走在路上……脑海里闪现出斯维特卡·阿弗什卡，然后又消逝了（我不记得她的姓了，大家都叫她阿弗什卡）。她到达喀布尔的第一天，就和一个士兵睡了一夜，得了一百阿币。后来她弄清楚了行情，两周以后，她收费三千阿币，士兵付不起。"保尔·柯察金"到哪里去了？他的本名叫安德烈·柯察金，因为他姓柯察金，所以便叫他"保尔·柯察金"了。

"保尔，你瞧瞧，多么漂亮的姑娘！"

保尔·安德烈有个女友，她把自己的结婚照给他寄来了。我们一夜一夜地陪着他，怕他出事。有一天早晨，他把照片挂在山岩上，然后用机关枪把它打得粉碎。很长一段时间，我们每夜都能听见他在哭泣。

"保尔，你瞧，多么漂亮的姑娘！"

我在火车上做了一个梦，梦到我们准备出发去打仗。

萨沙·克里夫佐夫问道："为什么你只有三百五十发子弹，而不是四百发？"

"因为我这儿装着药。"

他沉默片刻，又问了一句："你能够打死那个阿富汗姑娘吗？"

"哪一个？"

"就是那个让我们中了埋伏的姑娘。你还记得吧，咱们牺牲了四个人的那次？"

"我不知道，也许不会把她打死。我在托儿所和小学时，大家就都说我喜欢女孩，因为我总是保护女孩子们。你能打死她吗？"

"我感到羞耻……"

他没有把话说完，不知他为什么感到羞耻，这时我醒了。

到了家里，萨沙母亲的电报已经在等我了："速来，萨沙已阵亡。"

"萨沙，"我来到墓地，"毕业考试时，回答关于科学共产主义的问题，我对资产阶级多元论进行了批判，因而得了五分，我为此感到羞耻……在这之后，人民代表大会上说这场战争是我们的耻辱，向我们颁发了'国际主义军人'纪念章和苏联最高苏维埃表彰状，为此我感到羞耻。"

萨沙，你在那边，我在这里……

——一位司务长，侦察连卫生指导员

我的小太阳

我的孩子是个小个头，出生时只有两公斤，很小，像个姑娘，长大后也很小。

我搂着他说："你是我的小太阳。"

除了蜘蛛以外，他什么也不怕。那年他刚满四岁，我们给他买了一件新大衣。有一次，他从街上回来，我把他脱下来的大衣挂在衣架上，后来我在厨房里听到啪嗒啪嗒的声音。我跑了出来，只见门厅到处是青蛙，青蛙是从他的大衣兜里跳出来的。

他把青蛙捉起来："妈咪，别怕，青蛙可善良了。"

然后他又把青蛙装进大衣兜。

"你是我的小太阳啊！"

他喜欢打仗的玩具。我们送给他的玩具有坦克、冲锋枪、手枪，他把枪挂在身上，昂首阔步满屋子走来走去。

"我是兵……我是兵……"

"你是我的小太阳哟……你玩点儿和平的玩具吧。"

"我是兵……我是兵……"

他该上小学一年级了，到处买不到适合他穿的衣服，每一件都嫌大。

"你是我的小太阳啊！"

他应征入伍。我祈祷上帝，不是别把他打死，而是不要有人打他。我怕比他力气大的孩子们会欺负他，他太小了。我听说，有人被逼着用自己的牙刷清洗马桶，给别人洗裤衩。我真怕这些事。他来信要求："把你们的照片都给我寄来，妈妈的、爸爸的、妹妹的，我要动身了……"

信里没有写他到哪儿去。两个月以后，他从阿富汗寄来一封信："妈妈，您别哭，我们的装甲非常牢固。"

你是我的小太阳啊……我们的装甲非常牢固。

我已经开始等他回家了，再过一个月他的服役期就满了。我给他买了小衬衫、小围巾、小皮鞋，这些东西现在都放在柜子里，哪怕下葬时让我给他穿上呢。我会亲手给他穿上，可是就是不让开棺……我真想再看一眼我的小儿子，再摸摸他……他们是不是给他找到了合身的制服？他躺在棺材里，身上穿的是什么衣服呀？

头一个来到家里的是军委会的一位大尉："请您保重，大娘……"

"我儿子在哪里？"

"在这儿，在明斯克，马上就会把他运回来。"

我一下子坐在地上了："你是我的小太阳啊！"

我站起来，举着双拳扑向大尉："为什么你活着，可是我的儿子却不在了？你这么壮，这么有力，他那么小……你是个大男人，他还是个小孩子……为什么你活着？！"

他们把棺材运来了，我敲打着棺材："你是我的小太阳！你是我的小太阳啊……"

我现在常到他的坟上去，扑在墓碑上，搂住它："你是我的小太阳啊！"

——一位母亲

如今我什么也不信了

　　抓一把故乡的土，装在衣兜里——在火车上我产生了这么一种感情……我们中间当然也有胆小鬼。有个小伙子，检查视力时审批委员会没有通过，他兴高采烈地跳着出来："真走运！"跟在他后边的是另一个小伙子，他也没有通过。这个小伙子差点哭了："我有什么脸回自己的部队呀？那里为我举行了两个星期的欢送会。如果发现我有胃癌还说得过去，结果是牙病。"他穿着裤衩冲到将军面前："只因为我牙有毛病就不要我，那么让他们把我的那颗牙拔掉就是了！"

　　在学校里，我的地理课是五分。我闭上眼睛想象，山峦、猿猴，我们晒太阳，吃香蕉……而实际情况是这样：我们坐在坦克上，一身军大衣，一架机枪朝右，一架机枪朝左，后边的一辆坦克上机枪朝后，所有炮眼都开着，自动步枪从炮眼里伸向外边，坦克活像一只铁刺猬。

　　路上遇见了我们的两辆装甲输送车，小伙子们坐在车上，穿着白色条纹汗衫，戴着巴拿马帽。他们望着我们，笑得东倒西歪。我看见一个被击毙的雇佣兵，受到很大震动。那个小伙子锻炼得像个大力士。

　　我进了山，不知道应该怎么踩着石头走路，不知道是不是应该先迈左脚。背着电话机爬十米高的山崖……一听到爆炸声就闭上嘴，其实应当张开嘴，否则鼓膜会被震破。他们给我们分发了防毒面具，头一天，我们就把防毒面具扔了，"杜赫"们没有化学武器。我们把钢盔也卖了，它戴在头上是多余的负担，而且像炒勺似的烫人。我有一个问题：从哪儿能再偷一个装满子弹的角状子弹盒。他们发给我们四个，第五个是用第一次领到的军饷从同志那儿买的，第六个是别人送给我的。作战时要留下最后一个角状子弹盒和最后一颗子弹。——这是为自己准备的，必要时对准自己的牙齿来一枪。

我们来到这里是为了建设社会主义，可是却用铁蒺藜把我们给圈了起来："弟兄们，不能到那儿去，不要进行社会主义宣传，因为已经为宣传工作派来了专门人才。"不信任我们，真让人气恼。我和一个阿富汗商人说："你过去的生活方法不对，我们现在教会你，我们来建设社会主义。"

他微微一笑："革命前我做生意，现在照样做生意。你回家去吧！这是我们的山。我们自己知道怎么办……"

在喀布尔市里，妇女们向我们的坦克扔木棍、石头，小孩子们骂娘，不带口音①："俄国人，滚回家吧！"

我们在这儿干什么？

对方用火箭筒朝我们射击，我及时端起了机枪，这一次救了我的命。子弹向前胸飞来，打穿了我的一只手，弹片刺入另一只手。我还记得，那是一种软绵绵的、舒服的感觉，一点也不

———————————

① 指阿富汗小孩用俄语骂人，发音很纯正。

疼……我还听到有人在我头上喊了一声："射击！射击！"我扣扳机，可是机枪不响，我一看，我的一只手耷拉着，流满了鲜血。我还以为自己在用手指扣扳机，其实我已经没有手指了……

我还没丧失意识，和大家一起从坦克里爬了出来，有人给我缠上了止血带。必须往前走，我迈了两步就昏倒了，我流了大约有1.5升血。

我听见有人在喊："我们要被包围起来了……"

有人说："必须把他甩掉，否则我们都得完蛋。"

我央求道："开枪把我打死吧……"

有个小伙子马上走开了，另一个小伙子拉了一下自动步枪，但他的动作很慢。慢的时候，子弹可能会卡住。子弹果然卡住了，他把自动步枪扔掉了："我下不了手！给你，自己动手吧……"

我把自动步枪挪到身边，可是一只手怎么也不行。

我很走运，不远处有个小沟，我躲在沟里的一块石头后边。"杜什曼"从旁边走过去，没有发现我。我心想：一旦被他们发现，就得用什么东西把自己打死。我摸到一块大石头，挪到自己身边，比画了一下……

早晨，我们的人发现了我。昨晚逃走的那两个人，用短呢衣把我抬回去了。我明白了，他们怕我把实情讲出来，其实我已经无所谓了。到了军医院，有人马上把我抬上手术台。外科医生走到跟前："截肢……"我醒过来，发现缺了一条胳膊……躺在军医院里的人什么样的都有，少一条胳膊的，少两条胳膊的，缺腿的。大家都在偷偷地哭泣，有时借酒浇愁。我开始学习用左手使用铅笔……

我回家后去看望姥爷，再没有别的亲人了。姥姥哭个没完，心爱的外孙缺了一条胳膊。姥爷对她喊了一声："你不懂党的政策！"

熟人见了面，便问："带回羊皮短衣了吗？带回日本录音机了吗？什么也没带回来……难道你这也算去了一趟阿富汗？"

我应当带一支自动步枪回来！

我开始寻找自己的弟兄们。他们到过那边，我也到过那边，我们有共同语言，我们相互理解。校长找我谈话："我们录取了你，你的成绩是三分，我们给你发助学金。你不要再去找他们……你们为什么要在公墓里聚会？这是闹事……"

不许我们聚会，怕我们。如果我们组织起来，就会为自己的权利而战。他们应当分给我们住房，我们要他们援助长眠在坟墓中的小伙子的母亲，我们还要求他们树立墓碑，把坟墓用栏杆围起来。请告诉我，谁需要这些呢？

有人劝我们："弟兄们，不要大肆传播所发生的事和你们所见到的一切，那是国家机密！"

十万士兵驻扎在另一个国家——那是机密。甚至喀布尔有多么炎热的天气也是机密……

战争不会使人变好，只能变坏。反正都是一样。我永远不会回到参战前的那一天了，不会成为战争前的那个人了。我见过有人用兑换券，从医务人员手中购买黄疸病病号的两杯尿，他喝下去，病了，医务委员会让他病退。我见过有人怎样用枪打掉自己的手指头，怎样用雷管、用机枪的闭锁机让自己残废。我还见过有人怎样用一架飞机同时把锌皮包的棺材，还有装满皮毛、牛仔裤、女人裤衩，以及中国茶叶的箱子运回国去……见过这些以后，我还怎么能变好呢？

过去一提到祖国，我的嘴唇就会发抖。如今我什么也不相信了。为什么而斗争，为什么斗争呢？和谁斗争？让我把这些话讲给谁听呢？让我们打仗，我们打了。喏，这就行了。也许是为我们的某种事业去打仗？现在各家报纸都说：一切都正确。以后也正确。与此同时，又开始说我们是杀人犯。相信谁呢？我不知道。我现在已经谁也不相信了。报纸？我现在不看报，甚至不订报。今天这么写，明天又那么写，哪有真理？我不知道。不过，我有朋友，我相信一个、两个、三个朋友，他们干什么我都信得过。其他人，我谁也不相信。我在这儿已经六年了，我什么都见过了……

发给我一张残废军人证书——享受优待吧！我走向为参加过战争的人准备的专用窗口："毛孩子，往哪儿挤？你走错地方了。"

我咬紧牙关，一声没吭。我听到背后有人在说："我保卫过祖国，可这个小子……"

不认识的人问："你的胳膊呢？"

"喝醉酒，摔倒在电火车下边，压断了……"

他们相信，还表示惋惜……

不久前，我在作家瓦连京·皮库里的长篇小说《我有幸》[1]中读到这么一段话："现在（指 1905 年俄日战争可耻的结局）

---

[1] 俄罗斯总参谋部一名军官的忏悔录。

很多军官申请退伍，因为不管他们出现在哪里，都会遭到鄙视和嘲笑。事情发展到军官连穿军服都感到丢脸，所以他们总是尽量穿便服露面。军人里甚至连严重伤残的瘸子，都引不起人们的怜悯。如果没有腿的乞丐说，他的腿是在涅瓦大街和铸造大街拐角处被电车压断的，说他们与在沈阳和辽阳的战役毫无关系，那么施舍给他们的钱还要更多些。"

再过不久，关于我们也会这么写了……我觉得，现在我甚至可以考虑换一个祖国，离开此地……

——一位通信兵

忘掉你曾有过两条腿

我是自己申请的，总想参加这场战争，觉得有意思。我躺在床上，心里想象着那边的情景。我想知道，如果我有一个苹果，有两个朋友，我饿，他们也饿，我把这个苹果给了他们，我会有怎样的感受？我以为在那边，大家和睦相处，人人都是兄弟。所以我才想到那边去。

我下了飞机，瞪圆眼睛望着群山，一个退役的小伙子捅了一下我的腰（他已经准备飞回苏联了）："把皮带给我。"

"什么？"皮带是我从外国人手里买来的。

"浑蛋！反正会从你手中收走。"

头一天皮带就被收走了。我还以为"阿富汗——大家都和睦相处"是真的呢！白痴！新兵不过是一件物品罢了。夜里可以把他叫醒，用椅子、用棍棒、用拳头打他，用脚踢他。白天可以在厕所里揍他，把他打个半死不活，抢走他的旅行包、猪肉罐头、饼干（谁有就抢谁的，谁带来了就要谁的）……

没有电视机，没有收音机，没有报纸，这儿的娱乐就是按恃强凌弱的法则存在。

"小黄雀，给我洗洗袜子。"

这还算客气。有的人会说："喂，小黄雀，给我把袜子舔干净了。好好地舔一舔，让大家都能看见。"

温度高达七十摄氏度，走在路上晃晃悠悠。怎么欺负你都可以，可是打起仗来，这群"爷爷兵"冲在前边，掩护我们，搭救我们，这也是真事。但一回到兵营："喂，小黄雀，给我舔舔袜子……"

这些比第一次参加作战还可怕……第一次参战还蛮有意思，好像在看电影。我在电影里见过几百次冲锋陷阵的场面，原来那都是在胡编滥造。他们不是步行前进，而是奔跑，而且不是弓着身子、姿势很美地碎步跑，他们是在拼命地奔跑，运足气力，像疯子，像发疯的兔子转来转去地奔跑。

我过去爱看红场阅兵式，爱看那些武器装备从眼前经过。现在我明白了，以此夸耀是不合适的。我现在的感觉是快把这些坦克、装甲输送车、自动步枪放回原地，加上护套，越快越好。最好是让所有在阿富汗战争中装上假肢的人，在红场上走一趟……像我这样，两条腿从腰部以下被截的人……如果从膝盖以下截肢，那该多幸运呀！那我就是个幸福的人了。我羡慕只从膝盖以下截肢的人……

包扎之后，我蠕动了一个多小时，没有假肢，突然变得这么小了。我躺在那里，穿着泳裤和空降队员的海魂衫，海魂衫那么大，和我的身体一样长。一开始，我不让任何人来看我，我一句话也不说。哪怕留下一条腿也好啊，现在连一条腿也没有了。最难做到的，就是要忘掉你曾经有过两条腿……四堵墙壁可以选择有窗户的那一面啊……

我对母亲下了最后通牒："您要再哭，就别来了。"

我在那边最担心的是被打死，把我的尸首运回家，那样母亲会痛哭。每次战役之后，我们可怜伤员，但不可怜死者，而是可怜他的母亲。在军医院里，我本想对护理员说声"谢谢"，可是说不出来，连这样的话都忘了。

"想不想再去阿富汗一次？"

"想啊。"

"为什么？"

"在那边，朋友是朋友，敌人是敌人。可是在这儿，我常常问自己：我的朋友为何阵亡？为这些脑满肠肥的投机商？这儿的一切都不对头，我总觉得自己是个陌生人。"

我在学习走路。走在路上，后边有人催我，我摔倒了。我命令自己："保持镇静。第一道命令，翻过身，用手撑住；第二道命令，起立，向前走。"

头几个月不像走路，更像爬行。我在爬行。这是那边最鲜明的画面：长着一副俄罗斯面孔的黑小子，那边这样的人很多。要知道，从1979年起我们就在那边了……七年呀……我还会到那边去的，一定去！如果两条腿不是从腰部以下被截的话，如果只是从膝盖以下截肢的话……

——一位迫击炮手

人死的时候完全不像电影里那样

我曾经问自己："我为什么会去？"我能讲出一百条理由来，但主要的答案在这首诗里，不过我已不记得是谁写的了：

> 世上有两件东西，好像同一个：
> 第一是女人，第二是美酒。
> 比酒更甘美、比女人更香甜的，
> 对男人来说，是战争。

我曾经羡慕那些到过阿富汗的同事，认为他们积累了非常丰富的经验。这些经验在和平的年代怎能学到？我在一座市立大医院里当外科医生，已经十年了。送来的第一批伤员，我一看，差点儿被吓疯了。一堆肉，没有胳膊，没有腿，还在喘气，就连病态虐待狂影片里也看不到这种惨状！

我在那边做的种种手术，在苏联无法想象。年纪轻轻的女护士们受不了。有的哭，连说话都变得结结巴巴了，有的哈哈大笑，笑个没完。有位女护士站在那儿，一直傻笑。这些护士都被送回国了。

人死的时候，完全不像电影表现的那样——一颗子弹击中头部，双手一扬，倒下去了。实际情况是：子弹击中头颅，脑浆四溅，中枪的人带着脑浆奔跑，能跑上半公里，一边跑一边抓脑浆。这是想象不出来的，他会一直跑到断气为止。与其看到他那种样子，听他抽泣、哀求速死，想早些摆脱痛苦，真不如让他开枪打死自己轻松些，如果他身上还剩下一点儿气力的话。另一个躺着，恐惧悄悄地攫住了他的心，他的心开始打鼓，他大喊大叫……检验一下他的脉搏，跳得正常，于是你放心了。可是脑子在等待那个人体弱力竭……不等你离开病床，这个娃娃兵已经不在人世了……

　　这类往事一年半载是忘不掉的。等到这些娃娃兵长大以后，他们会再次经历这一切，他们的看法也会改变，不过我的观点已经改变不了。我父亲是第二次世界大战时的一名飞行员，他什么也没有讲过。他觉得一切都像日常的事，可我却弄不懂。现在只要提个醒，暗示一下就够了。昨天我看报上说：某人自卫到最后一颗子弹，他最后一个开枪把自己打死了。把自己打死了，这是什么意思？战场上的问题明摆着，或是你把他打死，或是他把你打死。很明显，你应该留下来。大家都撤走了，只有你在掩护他们，不管你是接受命令，还是自己做了这样的决定，你一定知道自己选择的是一条死路。我深信，在那一瞬间，心理上不难承担这种行为。在那种情况下，自杀被看成是正常的事，很多人都能那么做，以后人们会把他们称为英雄。在日常生活中，自杀者被视为不正常的人。当年公墓里甚至不允许把自杀的人和大家安葬在一起……报纸上的两行字，弄得你一夜不能合眼，把你心里的一切都翻腾起来了。

凡是到过那边的人，都不愿意再去打仗了。硬说树上长着能吃的肉，这话骗不了我们。不管我们是什么样的人——天真无邪，残酷无情，爱妻子爱孩子，或者不爱妻子不爱孩子，反正我们都杀过人。我在国外部队里了解到了自己的地位，但我一点也不后悔。现在大家都在谈论负罪感，我没有负罪感，有罪的是那些派我们到那边去的人。我高高兴兴地穿着阿富汗的作战军装，觉得自己穿上这种军装就是个男子汉。妇女们赞叹不已！有一天，我穿着阿富汗作战军装进了一家餐馆。服务员盯着我，我等着她说话。

"怎么，看我穿的军装不妥？喂，给心灵烧焦了的人让出一条路来……"

看谁敢说不喜欢我的野战军装，看谁敢吭一声。不知为什么，我在寻找这么一个人……

——一位军医

你们不要叫我儿子的名字

我先生了一个女儿。女儿出生前，丈夫对我说，是男是女都一样，最好是个女儿，然后她再有个小弟弟，她会给弟弟系鞋带。情况果然如此……

丈夫往医院打电话，我回答说："女儿。"

"好，就要两个女儿。"

这时，他们告诉了他真情："您得了个儿子……儿子！"

"谢谢！谢谢你们！"

他为自己有了儿子表示谢意。

第一天……第二天……女护士给母亲们送来了自己的婴儿，就是没有我的。谁也不说什么。我开始哭，身上发烧。女医生来了。

"年轻的妈妈，您伤心什么？您的儿子真是健壮。他还在睡觉，怎么也不醒。他还不饿，您别着急。"

她把婴儿抱来了，打开襁褓，他还在睡。我的心放下了。

给儿子起个什么名字呢？想从三个名字中选一个：萨沙，阿廖沙，米沙。三个名字我都喜欢。女儿塔涅奇卡跟父亲一起来看我，她说："我抽了一个签……"

什么"签"？原来他们做了几个签，扔在帽子里，然后抽签。两次抽出来的都是"萨沙",他的名字是塔涅奇卡选定的。儿子生下来很重,四公斤半,身长六十公分。我记得他十个月就会走路了,一岁半就能说话了,可是一直到三岁,他还发不清楚Р和С的音。

他第一次看见大海,就叫起来:"我不是妈妈生的,是海浪把我抛上岸的……"

他五岁那年,我送给他第一本相簿。他一共有四本:儿时的、小学的、军校时的和"阿富汗"时期的(里边只有他寄来的三张照片)。女儿也有自己的影集,他们俩我都单独给了。我爱家,爱孩子。我还给他们写诗:

> 从春天的积雪下,雪莲冒出了嫩尖。
> 正是满园春色时,我的儿子来到了人间。

过去我在学校时,学生都喜欢我,我那时也总是欢欢喜喜……

儿子爱玩"哥萨克抓强盗"的游戏,爱说:"我是勇敢的人。"那时他才五岁,塔涅奇卡已经九岁了。我们乘船顺着伏尔加河旅游,下了轮船,从码头到姥姥家,约有半公里路。萨沙站着不走。

"我不走。抱着我去吧!"

"你这么大了,还要人抱着你?!"

"反正我不走路。"

他就是不走。后来我们总跟他提起这件事。

他在幼儿园时喜欢跳舞。他有一条红色的灯笼裤,他穿着这条裤子照相，那些相片还保留着。八年级以前，他集邮，集邮册现在还保留着，后来他又收集各种各样的纪念章。他还喜欢音乐，现在还保留着几盒录音带，都是他喜欢的歌曲。

他少年时代一直想成为音乐家。但看来他是天生的军人，继承了军人父亲的一切。我们始终住在军人市镇里：他和士兵一起喝粥，擦洗汽车，谁也没有对他说过一个"不"字。当他把证件寄给军事学校时，大家都说："好孩子，你将保卫我们的祖国。"他的学习成绩优良，中学时就一直是积极分子，他以优秀的成绩毕业于军事学校，领导还给我们寄来过感谢状。

1985 年，萨沙在阿富汗……我们为他骄傲——他参加了战争。我向我的学生们讲述萨沙的事，还有他的朋友们的事。我们盼望他休假时回家来……

搬到明斯克市以前，我们住在各地的军人市镇，并养成了一种习惯：在家里从来不锁门。他没有按门铃，进屋便说："你们找过修理电视机的师傅吗？"

他和朋友们从喀布尔飞到塔什干，在那儿买到了到顿涅茨克的机票，没有更近的飞机场了，然后从顿涅茨克（当时明斯克不接受转机）飞往维尔纽斯。在维尔纽斯要等三小时的火车，他们嫌时间太长，认为离家只有两百公里，家已近在眼前，就租了一辆汽车。

他晒得黝黑，瘦削，只有牙闪着白光。

"我的好儿子呀，"我哭了，"你好瘦呀！"

"妈妈，"他抱起我来，满屋子转悠。"我活着！我活着！妈妈，您明白吗？我活着！"

两天以后是新年。他把礼品藏在枞树下，他买给我一条大围巾，黑色的。

"好儿子，你怎么选了一条黑色的？"

"妈妈，那边什么颜色的都有，可是轮到我买时，就只剩下黑色的了。您瞧瞧，您围上很合适……"

我围着这条头巾埋葬了他，两年里我再也没有摘掉。

他一向喜欢干些意想不到的事，说那是"意外的小礼物"。他和姐姐小的时候，发生过这么一件事。有一天，我和他们的父亲回到家里，发现他俩都不在。我到邻居家去找，到街上去找，哪儿也找不到姐弟，谁也没有见到他俩。我大叫起来，急得直哭！这时，装电视机的箱子盖突然掀开了（我们买了一台电视机，还没有来得及把箱子扔掉），从箱子里钻出我们的这双儿女："妈咪，您哭什么？"原来他们已经铺好餐桌，烧好茶水，左等右等，不见我们回来，萨沙就想藏在箱子里，给我们一个"意外的小礼物"。结果他们藏在里面，睡着了。

他性格温柔，男孩子像他这么温柔的不多。他总是亲吻我，拥抱我："妈咪……好妈咪……"从阿富汗回来后，他变得更温柔了，家里的一切他都喜欢。有时，他坐在那里，一声不响，谁也看不见。他夜里有时跳下床来，在屋里踱来踱去。

有一次，他叫喊着醒了："火光！火光！……妈咪，有人在开枪……"

还有一次，夜里我听到有人在哭。我们家谁会哭呢？没有小孩子了。推开他房间的门，他正用双手抱着头在哭……

"乖儿子，你哭什么？"

"太可怕了，妈妈。"然后他再不说话了，既不对父亲说，也不对我说。

他和往常一样走了。我给他烤了一提包核桃饼干，这是他爱吃的点心，整整一提包，让他能请大家都尝一尝。他们在那边想吃家乡的东西……

第二次，他还是过年时回的家，开始是等他夏天回来。他在信里说："妈妈，尽量多做些糖煮水果，多做些果酱，我回来要把它们吃光喝净。"

从8月拖到9月，他在信里说想到森林里去玩玩，想采集香菌，可是他没有回来。

11月过节时，也不见他回来。我们收到他的来信，他说："我还是过新年时回来吧，你们认为是否更合适？有小圣诞树，12月爸爸过生日，妈妈的生日是1月……"

12月31日，我整天留在家里，哪儿也不去。在这之前，我收到一封信："妈妈，我提前向您订制黑果馅饼、樱桃馅饼和奶渣馅饼。"

丈夫下班回来后，我决定让他在家中等儿子，自己到商场去一趟，买一把吉他。早晨我刚刚收到一张明信片，说吉他已经开始有卖的了。萨沙要求过：别买贵的，买个普通的，能在大院里弹弹就行。

我从商场回来，他已经到家了。

"哎呀，我的宝贝儿子，我没能等到你！"

他看见了吉他："多么漂亮的吉他！"

他满屋跳了起来："我到家了，家里多好啊！咱们家大门口的味道都不一般。"

他说我们的城市是最漂亮的，街道是最漂亮的，楼是最漂亮的，院里的槐树是最漂亮的，他爱这栋楼。可是现在我们住在这栋楼里太难过了，什么东西都让人想起萨沙，要想离开也难，他当年爱这里的一切。

这次他回来后变了样。不仅仅是我，家里人都发现了这一点，连他的朋友们也发现了。他对朋友们说："你们多幸福！你们都想象不出自己多么幸福！你们天天都像在过节。"

我在理发店做了新发型，回到家里，他很喜欢："妈妈，您永远留这种发型吧，您真美！"

"我的好儿子，天天做这种发型，需要很多钱。"

"我带回钱来了，都给你们，我不用钱。"

有个朋友生了一个儿子，我还记得他带着一种什么样的表情恳求："让我抱一抱。"假期快结束时他牙疼，他从小就怕看牙。我拽着他的手，把他拖到卫生所去。我们坐在那里，等着叫号，我看到他吓得脸上直冒汗。

电视里转播阿富汗的事情时，他就到另一个房间去。临行前一个月，他的眼里流露出忧伤的神情，也许这也是我现在的状态？可当时我是幸福的，儿子三十岁当了少校，是佩戴着红星勋章回来的。在机场，我望着他都不敢相信，难道这个英俊的青年军官是我的儿子？我为他自豪。

过了一个月，他来了一封信。他向父亲祝贺苏联建军节，感谢我给他做的香菇馅饼。这封信之后，我不知出了什么事，睡不着觉。我翻来覆去，躺到早晨5点，眼睛还睁着。

3月4日，我做了一个梦：茫茫一片原野，到处都有爆炸的白光……有什么东西在燃烧……升起一条条长长的白色烟雾……我的萨沙在奔跑，在奔跑，疯狂地奔跑……他无处躲藏……这儿冒了一股烟，那儿冒了一股烟……我跟在他后边……像当年在农村，那次我们遇上了雷雨……我用自己的身躯遮住了他，他在我怀里，像只小老鼠似的悄悄蠕动："妈咪，救救我吧！"可是这次我没能追上他……他长得那么高，他的步子那么大……我拼命地跑……我的心要爆炸了……可就是追不上他……

大门响了一声，丈夫进了屋，我和女儿正坐在沙发上。他穿着皮鞋、大衣，戴着帽子，穿过屋子，径直走到我们面前。他从来不是这个样子，他一向规规矩矩，因为他一辈子在部队里，他办什么都讲纪律。

他走过来，在我们面前，双膝跪下："我们家发生了不幸……"

这时我发现门厅里还有一些人，女护士，军委会的人，我们学校的教师们，我丈夫的熟人们……相继走了进来。

"萨沙，我的宝贝儿子呀！"

三年过去了……可是至今我们仍然不敢打开他的皮箱……那里装着萨沙的东西，是和棺材一起运回来的，我觉得那里有萨沙的气息……

十五枚弹片一下子都打在了他身上，他只来得及说一句："妈妈，我疼。"

为什么？为什么是他？那么乖的孩子，那么善良。他怎么会不在了？这些念头在慢慢地杀死我。我知道，我快死了，没有活下去的意义了。我去找人们谈话，我强迫自己去见大家……我和萨沙，和他的名字一起，我讲他的情况……我在工学院做过报告，有位女大学生走到我面前，说："如果当年少给他灌输那些爱国主义的东西，他就不会死了。"

听她讲完话，我感到不舒服，昏倒了。

我是为了萨沙才去的……他不能就这么随随便便地消失……现在说，那是命运的错误，说谁也不需要那场战争，我们不需要，阿富汗人民也不需要。过去，我憎恨打死萨沙的人，如今我憎恨派他去那边的国家。你们不要叫我儿子的名字，他现在只能是我们的，我不会把他交给任何人……连他的名字也不会交给任何人……

——一位母亲

我把自己的一生全忘了

火光一闪……一片光亮，像光的喷泉，然后什么也没有了……漆黑一片，像是黑夜……我睁开一只眼睛，望着墙壁：我在什么地方？在军医院……接着我摸了摸自己，胳膊还在吗……再往下摸……用手碰了一下……怎么这么快就摸到底了……怎么这么短呀……我明白了：我失去了双腿。

我真要发疯，各种可恶的想法都涌入脑海：死亡是比这个病房更好的避难所，还不如粉身碎骨，化为乌有……自己看不见自己，让别人也看不见我……想到这里，突然想不下去了，我什么也不记得了。

我忘记了过去的一切……严重的震伤……我把自己的一生全部忘了……我打开自己的身份证，读到自己的姓名……生在什么地方……三十岁……已婚……有两个孩子……都是儿子。

现在我需要回忆起大家的长相，一张面孔也记不起来了……

第一个来看我的是妈妈。

她说："我是你的妈妈。"

她讲述我的童年，学校……甚至讲了一些琐事，我上八年级时穿的是什么大衣。我得过什么分数……我最爱吃的是豌豆汤……我听她讲话，仿佛看见了站在一旁的自己……我在旁观自己……

食堂值班的女工在呼唤："你坐到轮椅上，我送你去，你妻子看你来了……"

一个美丽的女人站在病房附近……我看了一眼，她站在那儿，让她站着吧！妻子在哪儿？那个女人就是我的妻子。

她讲我们的爱情故事……我们是怎样相识的，我怎样第一次吻了她……婚礼……怎样生了两个儿子……我听她讲，不是在回忆，而是想记住她的话……每当我想回忆什么事，头就疼得要命……

看着照片，我想起了自己的儿子……又来了几个人……是我的孩子，又不是我的孩子……本来长得白白胖胖的，现在变得黑黑的了……小孩成了大人……我照着镜子，看了看自己，还挺像！

我把战争也忘掉了……两年的事全都忘光了……不过，我现在不喜欢冬天……可是我妈说我童年时最喜欢冬天……下雪……孩子们讲起了打仗的事……我好像在看电影……我在想："我为什么会到那边去？"把娃娃们派到那边去了……而我是军官，是职业军人……是我自己提出的申请……医生们说我的记忆力能够恢复……到那时我就会有两条生命……一条是他们给我讲的，另一条是我自己经历过的……

——一位直升机驾驶员，大尉

第二天

"另一个人心情沉重地死去……"

作者的话

作者：他今天又打来电话，此后我把他称为"我的重要主人公"。

重要主人公：我本来没想给您打电话……我上了公共汽车，听见两位妇女在议论："他们算什么英雄？他们在那边杀儿童杀妇女，他们是些精神失常的人……还请他们到学校作报告……还让他们享受优惠……"

车一到站，我赶紧跳了下去。我站在那里，眼泪止不住地流。我们是兵，我们执行的是命令。战争时期不执行命令就枪毙！我们那时处于战争状态。当然啦，将军没有亲手杀过妇女儿童，可是他们下达过命令。如今，一切罪名都扣在我们头上……什么罪名都要士兵来承担……有人对我们说："执行罪恶的命令就是犯罪。"可我当时相信下达命令的人，我从记事时起，受的教育就是相信命令。只能相信！没有人教我动动脑子，相信还是不相信，开枪还是不开枪？向我反复灌输的是，只有更加坚定地相信！

作者：那时，我们人人如此。

重要主人公：不假，我杀过人，我浑身上下沾满了鲜血……可是他……我的朋友，躺在地上……我把他看作兄弟……一处是头颅，一处是胳膊，一处是大腿……还有剥下来的皮……我马上要求再次参加袭击……我看见村子里正在出殡……人很多……死人装在一个白色的东西里……我用望远镜把他们看得一清二楚……我命令："开火！瞄准送葬的人们——开火！"

不假，我杀过人，因为我想活下去，我想回家……

不，何必呢？您何必要了解这些事？直到不久以前，我夜里才不再想到死了。三年啦，我每天夜里都在选择死的办法，怎么做更好：把子弹射进口腔，还是用领带悬梁自尽？……有时好像又闻到蒺藜那股呛人的臭味……那股臭味能让人发疯……

话筒里嘟嘟嘟地响了起来……

作者：为什么我觉得我老早就认识他，听见过他的声音？

杀人就是为了能回家

像是在做梦……好像在什么地方见过这种情景……是在哪个电影里吧……

我现在觉得，我并没有杀过任何人……

我是自愿去的，主动申请。我打算考验一下自己，看看我究竟能干什么。

我自命不凡。在学院读书时，我无法表现自己，无法知道自己是什么人。我想当英雄，我寻找当英雄的机会。我读到大学二年级就投笔从戎了。大家都说那是男子汉的战争……男孩们的战争，参战的是清一色的男性少年，他们前不久还是十年级的学生……

这场战争对于我们来说，更像一场游戏。你的自尊心、你的自豪感是极其重要的。能，或者不能……他能办到，我能不能？我们关心的就是这些，我们关心的不是政治。

我从小就培养自己，准备接受某种考验。杰克·伦敦是我喜爱的作家。真正的男子汉应当体魄强健。人在战争中，才能锻炼成体魄强健的人。

我心爱的姑娘劝我不要去："你想想，蒲宁①或者曼德尔施塔姆②会说出类似的话吗？"

朋友当中，没有一个人理解我。他们有的结了婚，有的研究起东方哲学，有的研究瑜伽，只有我一个人上了战场。

上边是太阳晒焦的山岭，下边有个小女孩吆喝着一群山羊，一个妇女在晾衣服，情景和我们高加索那边相似……我甚至感到失望……半夜，有人朝我们的篝火开了一枪，我拎起水壶，水壶下边还有子弹。行军时渴得要命，真是难受，嘴里发干，想咽口唾液也不行，好像满嘴都是沙子。大家舔露水，舔自己的汗……我得活下去，我想活下去！我抓住一只乌龟，用锋利的石片割开它的脖子，喝乌龟的血，这事别人办不到，谁也办不到。

我明白了，我能够杀生，我手里有武器。

头一回作战时，我看到有人休克了，昏迷了，有人一想起自己怎样杀人就呕吐。

人的脑浆四处飞溅……人的眼珠顺着脸庞滚动……我承受住了！我们当中有人以前是猎手，他吹嘘自己参军前怎样打死兔

---

① 伊凡·蒲宁（1870—1953），俄罗斯作家，诺贝尔文学奖获得者。有自传体长篇小说《阿尔谢尼耶夫的一生》，还有将近两百篇短篇小说，其中较出色的有《米佳的爱情》《中暑》《三个卢布》《幽暗的小径》《乌鸦》和《巴黎》。

② 曼德尔施塔姆（1891—1938），俄罗斯白银时代诗人，阿克梅派代表诗人。著有诗集《石头》《哀歌》和散文集《时代的喧嚣》《亚美尼亚旅行记》《第四散文》等。1933年他因写诗讽刺斯大林，次年即遭逮捕和流放，最后死在远东的转运营。

子，怎样打死野猪，就是这人，总是呕吐。杀动物是一回事，杀人是另一回事。

人在战斗中成了木头人……没有了理智，变得麻木无情……处处算计……我的自动步枪就是我的命……自动步枪长在身上了，好像是多了一条胳膊……

在那边打的是游击战，很少有大规模的战役，永远是你和他。人变得机敏起来，像只小狞猫。你打了一梭子，他坐下了。你在等待，现在轮到谁了？你还没听到枪声，可是感觉子弹怎么又飞起来了。你从一块石头爬向另一块……躲躲藏藏……你跟踪他，像个猎人，神经绷得紧紧的……屏住呼吸，寻找机会……一旦两人照面，就用枪把对方打死。你打死他，然后感觉到自己还活着！——我又活下来了！

杀人并没有乐趣，杀人就是为了能回家。

死人都是不同的，没有一样的……有的躺在水里……死人的脸在水里会发生变化，所有死人都面带笑容。一阵雨过去，尸体洗得干干净净。在没有水的尘土里，死亡让人更加暴露无遗。有的死人还穿着崭新的军装，有的人头已变成一张枯干的红纸，脑袋被压扁了，像路边的蜥蜴似的被压平了……可是我还活着！

矮墙跟前坐着一个人，离房屋不远，堆着一些砸开的核桃，看来是他吃的……睁着眼睛，没人为他合上……人死后十到十五分钟内，还可以合上眼睛，时间再长就不行了……可是我还活着！

另外一个人，弯着腰，裤口敞着……他是准备解手……死前他们怎样，现在仍然那个样躺着……可是我还活着！我要摸摸自己，证明自己没死……

鸟儿不怕死，鸟儿蹲着，张望着。儿童不怕死，他们也像鸟儿一样蹲着，静静地、好奇地东张西望。

你在食堂里喝汤，瞟了身旁的人一眼，马上想到他死后会是什么样。有一段时间，我不敢看亲友的照片，执行任务回来后，不忍看儿童和妇女。面对他们时，我总是转过身去。这种情景，慢慢才消失了。

我早晨跑步锻炼身体，还练习举重。我考虑过自己回来时体形会是什么样。我总是缺觉，虱子很多，尤其是冬天。我们在褥垫上撒满了杀虫粉。

回家后，我对死才有了恐惧感。回国后，我有了一个儿子。我想：如果我死了，我的儿子成长的过程中就没有我，我感到恐惧。我还记得射向我的那七颗子弹……像我们老说的，它们可以让我去见"天国的人"，可是它们从我身边擦过。我甚至有一种感觉，像是还没有玩够，还没有把仗打完……

我问心无愧，不怕噩梦。我总是选择实打实的决斗，他与我的决斗。有一次，我看见两个人在殴打一个俘虏，俘虏还被绑着，像个窝囊废躺在地上……我没让他们继续打他，我把那两个人赶走了，我瞧不起这类人……有个家伙操起自动步枪打天上的鹰，我扇了那家伙一耳光：打飞禽干什么？飞禽招你惹你了？

亲人们问我："那边怎么样？"

"别问了，对不起，我以后再告诉你们。"

我从学院毕业后，当起了工程师，我就是想当一名工程师，而不是当什么参加过阿富汗战争的老兵。那些事我连想都不愿意再想。

我不知道，我们这一代人活下来，将来会怎样。我第一次讲得这么坦白……如同在火车上，人们互不相识，中途偶遇，聊了一阵，然后在不同的站台下车……我的手在抖……不知为什么，我很激动……我还以为我早就轻松地退出了那场游戏……

如果您要写的话，不要提我的名字……我什么也不怕，但我不愿意被留在这段历史里……

—— 一位步兵排排长

我仍然在哭泣

我本打算 12 月举行婚礼，可是 11 月却去了阿富汗。

我通知未婚夫，他笑了："去保卫我国南部国境？"

当他确信我并非开玩笑时，说："怎么，难道你在这儿找不到跟你睡觉的人？"

路上，我一直在想："我没有赶上修筑贝阿铁路大干线的工程，没有赶上开垦荒地，现在机会来了——阿富汗！"我相信小伙子们带回来的那些歌里所描述的，我整天听个没完：

> 在过去的几年里啊，俄罗斯，
>
> 你在阿富汗的国土上，
>
> 在那里的崇山峻岭中，
>
> 留下自己多少儿郎……

当时我是一个只有书本知识的莫斯科小姑娘。我觉得真正的生活在某个遥远的地方，那里的男人个个身强体壮，那里的女人个个如花似玉，那里有种种意想不到的奇遇。当时我一心想冲出习惯了的生活……

经过三个不眠的夜晚，我到了喀布尔。海关人员还以为我是吸毒者，因为我迷迷糊糊的。我还记得，当时我含着眼泪向一个人解释："我不是吸毒的，我就是想睡觉。"

我拖着一口沉甸甸的皮箱，里面装着妈妈煮的果酱，烤的饼干，没有一个男人肯帮忙。而且他们不是一般的男人，是军官，年轻力壮，漂亮。献殷勤的是一些毛孩子，把我敬若神明。我实在觉得奇怪："谁能帮我一把吗？"

他们用那样一种目光瞥了我一眼……

我在转运站又待了三个晚上。

第一天，有个准尉走来："你想留在喀布尔，夜里来找我……"

这是一个吃得浑身冒油的小胖子，后来姑娘们悄悄告诉我，他的外号叫"油桶"。

我在一支部队里当了打字员，使用的是老掉牙的军用打字机。我的手指在头几个星期里就敲出血来了，后来指甲脱落了，我就缠着纱布继续打字。

过了大约两个星期，有个小兵半夜来敲门："指挥官叫你去。"

"我不去。"

"摆什么臭架子？难道你来的时候不知道这是什么地方？"

早晨，指挥官威胁我说，要把我派到坎大哈去。

坎大哈，坎大哈，你是个什么鬼地方？

苍蝇窝，"杜赫"群，噩梦一场又一场……

那几天，我总担心会被汽车轧死，总怕背后挨一枪……

隔壁宿舍里住着两个小姑娘：一个负责电气，大家叫她

"电姑娘"；另一个负责饮水化学处理，外号"漂白粉"。她俩把一切都解释为："这是命……"

恰好在那时，《真理报》登出了一篇特写——《阿富汗的圣母们》。姑娘们从苏联来信说：那篇文章如此受人欢迎，以至于有人到军委会去申请去阿富汗。

可是我们每次从士兵身边走过时，都心惊肉跳。他们嬉皮笑脸地喊着："'闷罐女郎'，你们原来都是巾帼英雄啊！你们就在床上执行国际主义义务吧……"

什么是"闷罐女郎"？"闷罐"是一种车厢式的活动房屋，住在那里的都是肩上扛着"大星星"的官儿，他们的军衔都不低于少校。和他们……的女人被叫作"闷罐女郎"。

在这里服役的娃娃兵们直言不讳地说："如果我听说某个姑娘到过阿富汗，那么这个人对我来说已经完蛋了……"

我们所有的姑娘都得过肝炎、疟疾等病……我们也同样遭过枪击……但是，我要是回到苏联后再见到这个娃娃兵，我是不敢扑到他胸前拥抱的。对他们来说，我们都是一些……或者是些古怪的女人，不能跟女人睡觉，别弄脏了自己……

"跟谁睡觉？跟自动步枪睡觉……"有人当面奚落我们。在这之后，你还能对谁微笑？……

我妈向熟人们夸口："我女儿在阿富汗。"

我妈太幼稚了！我真想写信告诉她："妈妈，别提这事了，否则你会听到人家说，您的女儿是——妓女！"

等我回国以后，经过一番反思，我也许会恢复常态，心里暖和一些。可是现在，我的心凉了、碎了。我在这儿学会了什么？难道在这里能学会行善积德，或者感受到欢乐？

有些小孩跟在汽车后边奔跑："小姐，让我们看一眼……"

有人把钱塞给你，这说明有人接受过。

当初我以为自己活不到回家的日子，如今我已跨过这个坎了。

在这里，我有两个梦交替出现，又不断重复。

第一个梦：

我们走进一家豪华的商店。墙上挂着壁毯，各种珍宝……我们的小伙子们要把我卖掉。有人给他们送来了一袋子钱……他们在数阿币……两个"杜赫"把我的头发缠在他们的胳膊上……闹钟响了……我吓醒了，还叫了一声。我一次也没有把各种恐怖场面的梦做完过。

第二个梦：

我们乘坐伊尔-65军用飞机从塔什干飞往喀布尔，舷窗外出现了山峦，阳光渐渐转暗，我们坠向无底深渊，我们被阿富汗一层厚厚的土给埋住了。我像个鼹鼠一样扒土，怎么也扒不到有光亮的地方……我喘不过气来……我扒呀扒呀……

如果我自己不刹住，我的话就会讲个没完。这里天天都会发生一些事，让你六神无主、灵魂出窍。昨天，有个我认识的小伙子收到一封从苏联寄来的信，是他女朋友写的："我不愿意跟你交往了，你的双手直到胳膊肘都沾满了鲜血。"他跑来找我，我能理解他。

我们人人都想家，但很少提家，这是因为迷信①。很想回家，

---

① 此处指在战争中忌讳说回家，往往说了反而回不去了。

可是我们该回到什么地方去呢？关于这件事，大家也不提，只用一些笑话来解嘲：

"孩子们，说说你们的爸爸是什么人。"

孩子们都把手举了起来。

"我爸爸是医生……"

"我爸爸是卫生技术员……"

"我爸爸在马戏团工作……"

小沃瓦一声不吭。

"沃瓦，你不知道你爸爸是干什么的吗？"

"过去他是飞行员，现在他在阿富汗当法西斯……"

我在家时喜欢看描写战争的书，在这里我随身带着大仲马的作品，在战场上不想看战争。有的姑娘去看那些被击毙的人，回来说："他们躺在那里，只有脚上穿着袜子……我不想去看……我也不愿意进城。"街上有那么多一条腿的男人在跳着走路，不是每个人都能看得惯的，我就习惯不了。我本来有个理想，想当记者，可是现在不知道了，我现在很难相信什么了。

等我回家以后，我永远也不会再去南方。我没有足够的勇气看山，我一看见崇山峻岭，马上觉得有人会从那里射击。有一次，子弹从四面八方向我们射来，有个姑娘跪着，一边哭一边祈祷……我真想知道，她在向苍天祈求什么？我们在这里都有所隐瞒，谁也不会袒露自己的内心，每个人都尝到过失望的滋味……

我一直都在哭泣，为那个早已不存在、只懂得书本知识的莫斯科小姑娘祈祷……

——一位女职员

我不愿意当政治错误的牺牲品

我飞到那边去时，怀着回国的希望，并且希望回国后可以在人们面前昂首阔步。可是现在，我想我永远不会成为战前的那个人了。不……不会了……

我们的连队仔细搜查一座村庄，我和一个小伙子并排走着，他用脚踢开一家农舍的门，机枪迎面朝他射来……他身上挨了九颗子弹……我们火了……见什么就杀什么，甚至家畜也不放过。老实说，枪杀牲畜更可怕。可怜的牲口啊！我不让人枪杀毛驴……毛驴犯了什么罪？那边的毛驴像儿童一样，脖颈上也挂着护身符……

当我们火烧麦田时，我心里可不是滋味了，因为我也是乡下人。过去在农村的生活，能回忆起来的都是美好的事，不仅仅是童年。我想起自己躺在风铃花和野菊花的花丛里，想起我们怎样在篝火边烤麦穗，边烤边吃……

天太热了，农舍的铁皮房盖好像都要晒爆了。麦田一下子就烧了起来，火势熊熊，到处散发出粮食的味道……火苗把童年记忆中粮食的香气扬起来了……

那边的夜不是慢慢降临，而是突然砸落到你身上。白天转眼成了黑夜，就像你原本是个娃娃，一下子成了男子汉。这是战争的力量。那边在下雨，你能看见雨点，可是没有着地就消失了。你通过卫星观看有关苏联的电视节目，你为世间还有另一种生活感到满足，但那种生活已经打动不了你的心……这一切都可以口述，都可以印成白纸黑字……不过，我还是生自己的气，我说不清楚这些事情的本质……

有时，我想把见到的一切都写出来。在军医院，有个没胳膊的人，他床上坐着一个没腿的人，在给母亲写信。有一个当地小姑娘，她从一个苏军战士手里拿了一块糖。第二天早晨，她的双手被人剁掉了……我想把发生的一切都写出来，不加任何议论。天在下雨……只写这样的事，天在下雨……不加任何议论，不管是好是坏，反正天在下雨。

我们怀着希望回国，以为故乡会张开双臂欢迎我们。我们突然发现，对我们经历的一切，任何人都提不起兴趣。院里站着几个熟悉的弟兄："啊，回来了？回来了，好呵！"

我到学校去了，老师们什么也不打听。我们的对话是这样的：

我："应当纪念那些为执行国际主义义务而阵亡的人。"

他们："他们都是只能得两分的学生、流氓。我们学校怎能树立纪念碑来纪念他们呢？"

这里对战争是另外一种态度，请问你们建立了什么英雄事业？你们是不是打了败仗？什么人需要这场战争呢？勃列日涅夫和军事将领们？看来，我的朋友们是白白送了命，我也可能白白死掉。我妈从窗户里望见了我，高兴地叫着，穿过整条大街向我奔来。我对自己说："让世界翻个底朝天吧，但这种事翻不了个，躺在地下的人是英雄，真英雄！"

在学校里，一位老教员一再说："你们成了政治错误的牺牲品……你们被变成了罪犯的同谋……"

"当时我十八岁，您那时多大？那边热得把我们的皮肉都晒曝了，您默默不语。当他们把我们变成'黑色郁金香'时，您也没有说话。军乐队在各地公墓上演奏。当我们在那边杀人时，您还是没有说话。现在你们异口同声地大谈特谈什么'牺牲品''错误'……"

我不愿意当政治错误的牺牲品，我要为此而斗争！让世界翻个底朝天吧，但这件事翻不了个，躺在地下的人是英雄，真英雄！

——一位掷弹筒手

活着回家

我很走运，回到家里时，有胳膊有腿，有眼睛，没有被烧伤，也没有变成疯子。我在那边已经认识到，我们参加的不是想要参加的那场战争。我们下定决心：把仗打完，活着回家，然后再弄清是非⋯⋯

我们顶替的是第一批进驻阿富汗的军人，我们没什么想法，我们只是执行命令。命令是不允许讨论的，一讨论就不成军队了。您不妨翻阅一下恩格斯的著作，他说："士兵应当像子弹，随时准备射击。"这话我背得滚瓜烂熟。上战场就是去杀人，我的职业是杀人，我学的就是那一套。个人的恐惧？别人可以被杀死，但我不能被杀死。可以杀死别的人，但杀不死我，我的头脑接受不了自己从这个世界上消失的可能性。去那边时，我已不是个毛孩子了，我已到了而立之年。

我在那边感受到了什么是生活。告诉您，那几年是我最好的年华。

我们在这儿过的是灰色的、庸庸碌碌的日子，上班、回家、上班。我们在那边什么都尝试了，什么都见识了。我们感受到了真正的男子汉的友情。

我们见到了异国风光：清晨的雾霭在窄窄的峡谷里飘来飘

去；涂得花花绿绿的阿富汗载重卡车，车帮很高；红色的公共汽车，车里有人，有羊，还有牛；黄色的出租汽车。

那边有些地方给人的感觉像是月光下的世界，像幻觉，像化外世界。到处都是永恒的山，那片土地上似乎没有人，只有石头，而石头又在向你射击。你觉得大自然对你也充满敌意，认为你是外来者。我们生活在生死之间，我们手里也掌握着某些人的生死。生活中还有比这更强烈的感觉吗？

我们在那边饱尝了逍遥的甜头，再也没有一个地方可以任我们那么自由自在了。那边的女人是怎样地爱过我们呀，再也不会有一个地方的女人能那么爱我们了。时时刻刻感受到人与死亡近在咫尺，我们总是围着死亡打转。五花八门的奇遇何其繁多，我觉得我已能感知什么是危险，我一看见别人的后脑勺，就会感受到危险的临近。我在那边什么都干过，总算没有出什么事。那边有男性想要的生活，我们的怀旧之情由此而生，这是一种阿富汗综合征啊……

当时，没有人考虑那是正义的还是非正义的事业。他们命令我们干什么，我们就干什么。我们接受的就是这种教育，养成的就是这种习惯。如今，当然对什么事都得进行反思，对什么事都用时间、记忆、信息和向我们揭示的真实情况进行衡量，但这几乎是十年后的衡量了！那时我们的头脑里有个敌人的形象，那个熟悉的形象来自书本、课堂教育和电影中的巴斯马奇①分子。《沙漠白日》这部电影我看了不下五次，他就是敌人！如今你遇

---

① 巴斯马奇：1918—1924年，活动于中亚细亚的一股匪徒。

上了机会，否则总要后悔自己出生晚了，没有赶上1941年①。我们大家都有这样的憧憬，要么是参加战争，要么是参加革命，没有人说过别的念头。

我们接替了第一批军人，高高兴兴地为未来的兵营、食堂、部队俱乐部打桩。上头给大家都发了TT44手枪，政治指导员总是带着这种手枪。这种手枪只能用来自杀，或者卖给农民。大家的装束活像是一群游击队员，大多数人穿的是运动衣裤、旅游鞋，我的一身打扮和威武的士兵帅克②差不多。气温高达五十摄氏度，首长要求我们打领带、整装，因为军规里要求从堪察加到喀布尔都要整装。

停尸房里，一口袋又一口袋炸成碎块的人肉……让人休克！这半年里，我们看着露天电影，曳光弹飞向银幕，我们照看不误……我们打着排球，敌军开始扫射，我们任子弹飞来飞去，照打不误……运来的影片都是表现战争的，表现列宁的，或者表现妻子背叛丈夫的……大家想看的是喜剧片，可是根本不送喜剧片……他走了，她便跟别人鬼混……我恨不得端起自动步枪把她钉死在银幕上！银幕是用三四条床单缝起来的，挂在露天，观众坐在沙地上。

每周洗一次澡，喝一次酒，每瓶伏特加要三十张兑换券。伏特加是从苏联运来的，海关规定：每人可以随身携带两瓶伏特加和四瓶葡萄酒，啤酒不限量。于是有人把啤酒倒出来，灌上伏特

----

① 此处指苏联卫国战争。

② 捷克作家雅·哈谢克小说《好兵帅克》中的主人公。

加，那些贴着"包尔热米矿泉水"标签的瓶子，喝一口——四十度的伏特加。我们养了一条狗，叫"维尔慕特"，它的眼睛一直是红的，没有变黄过。我们喝过"什帕加"——飞机上用过的废酒精，防冻液——机器上用的一种液体。

你提醒士兵们："你们什么都可以喝，但不能喝防冻液。"

他们到达之后，过了一两天，便开始找医生。

"什么事？"

"新兵喝防冻液中毒了……"

他们吸毒。吸饱了，就会产生各种幻觉，觉得每一颗子弹都在朝自己打来……有一个人夜里吸，然后幻想联翩，整夜梦见家里人，梦见自己搂着老婆……有些人的幻觉是有颜色的，好像在看电影……

一开始，阿富汗人的商店向我们出售毒品，后来他们干脆白送："吸吧，俄国人，给你，吸吧！"

孩子们边跑边把麻醉品塞给士兵。

有这么一个笑话：

"中校同志，您的军衔怎么个写法？'中'——'校'——连在一起写还是分开来写？"

"当然是分开了写，比如听写单词'桌子下面'。"①

朋友们一个个牺牲了……皮鞋后跟挂住拉杆，听到引信砰的一声。这个时候，大家都不会想到要趴下，不是赶紧匍匐在地

---

① 俄语"中校"一词由ПОД（……之下）和ПОЛКОВНИК（上校）两部分组成，意为上校之下的军衔。

上，而是惊异地朝发出声音的方向看一眼，结果身上挨了几十个弹片……坦克被炸得像掀起盖子的罐头盒，滚杆、履带都被炸断了。驾驶员想从舱口出来，只伸出两只手，就再也爬不动了，只能和坦克一起被火焰吞掉。

兵营里谁也不愿意睡在死人的床上，等新兵来了，我们就把他称作"接班人"……

"你先睡在这儿，睡在这张床上，反正你没有见过他……"

大家经常念叨那些抛下孤儿的人，孩子长大没有爹……至于那些没有留下亲人的人，人走了，好像是根本不曾来过人间……

我们去打仗，军饷极低，仅仅发给双份工资，一份折成二百七十张兑换券，还得扣税，扣除订阅的资料等费用。而在萨兰格，一个普通雇佣工每个月可以得到一千五百张兑换券。再和军官的收入比一下吧，军事顾问的收入要多五倍到十倍。从这边带货物过海关时，也可以看出不平等的待遇……有人带的是磁带录音机和两条牛仔裤，有人带的是摄像设备，外加五个或七个褥垫那么长的箱子，士兵们勉勉强强搬得动。

到了塔什干。

"好兄弟，从阿富汗来？想找个姑娘吗……姑娘水灵灵的，像水蜜桃。"有人引诱你找私娼。

"谢谢，好兄弟，不想去。我急着回家，去见老婆。我需要的是飞机票。"

"飞机票，好办，没问题。来点好处，有意大利眼镜吗？"

"可以弄到。"

还没到斯维尔德洛夫斯克时，我已经花掉了一百卢布，送出了意大利眼镜、日本金银线绣的头巾和一套法国化妆品。

排队时，有人教我："何必排队呢？公务护照里夹上四十张兑换券，过一天就能到家。"

我心里有数了："小姐，我去斯维尔德洛夫斯克。"

"没票。你戴上眼镜，看看显示牌。"

我在公务护照里夹了四十张兑换券。

"小姐，我去斯维尔德洛夫斯克。"

"等一下，让我查一查。您来得正是时候，恰好有个人退了张票。"

你到了家，在家人身边，完全是另一个世界。头几天只能看见人，只能摸到他们，却听不见他们的声音。我怎么才能讲清楚，什么样的感觉叫用手爱抚自己孩子的小脑袋呢……一切之后……早晨，厨房里飘着咖啡和薄饼的香味……妻子召唤我去吃早点……

过了一个月，又该离家了。到哪儿去？干什么去？实在不明白。你不去考虑这些事，这些事简直没法考虑。你只知道一件事，你得去，因为需要。

夜里，总觉得阿富汗的沙子在牙缝里"咯咯"作响，软软的像是扑粉，像是面粉。你刚才躺在红色的灰尘中……这是泥巴……身边汽车的机泵在吼叫……你被惊醒，腾地跳下床——不，你还在家里……明天要走了……父亲要求今天宰一头小猪……过去总是他动手，我不去。我堵住耳朵，怕听那种叫声，有时远远跑到家外去……

父亲："来，帮我一把……"

"您捅的不是地方……刀子要捅在它的心脏上，捅这儿……"我操起家什就把小猪宰了。

停尸房里一口袋又一口袋炸成碎块的人肉……让人快要休克！

不能杀第一个人，让第一个人流了血，以后就难以住手了……

每个人都为自己活命在操心！为自己活命！

几个士兵坐在一起，一个老汉赶着一头毛驴从下边经过。他们架起火箭筒，"哗啦"一声！老汉完了，毛驴也完了……

"兄弟们，你们怎么啦，疯了？！老汉和毛驴走路，碍你们什么事？"

"昨天也有一个老汉赶着毛驴走路，有个士兵从他们身旁经过……老汉和毛驴走了过去，士兵倒了下来，躺在地上……"

"也许那是另外一个老汉，另外一头毛驴。"

不能让人流第一次血……因为你会不停地枪杀昨天那个老汉和昨天那头毛驴……

仗——打完了，命——保住了。回了家，现在我们得弄清是非……

——一位炮兵大尉

我在等他回来

我守着棺材，反复问："谁在里面？是你吗，我的好儿子？"

我只能重复这一句话："谁在里面？是你吗，我的好儿子？"

大家都以为我精神失常了。

过了一段时间，我想了解我儿子是怎么阵亡的，我去找军委会。

"请你们告诉我，我儿子是怎么阵亡的？在什么地方阵亡的？我不相信他会被打死。我觉得我埋葬的是个铁箱子，而我儿子还在某地活着。"

军委会的人火了，甚至申斥起来："此事禁止张扬。可是您到处审，到处讲，说您的儿子阵亡了。此事禁止张扬。"

我生他的时候，受了几天几夜的罪。当我知道生的是儿子，疼痛也就消失了，总算没有白受罪。从那天起，我最担心的人就是他，因为我没有别的人了。

我们住简易宿舍，屋子里放着我的一张床，一个儿童车，还有两把椅子。我在铁路局当扳道工，工资六十卢布。从产院回来的当天，我就上了夜班。我总是推着儿童车去上班，我带上电炉，把他喂饱，他睡觉，我在迎送火车。等他稍稍长大，我就把他一个人留在家中，把他的小脚和床拴在一起，自己去上班。

他长成了一个好孩子。

他考入彼得罗扎沃茨克建筑学校，我去看望他，他亲了我一下就跑了，我当时甚至感到委屈。过了一会儿，他进了屋，笑着说："姑娘们马上来了。"

"什么姑娘们？"

原来他刚才是跑到姑娘们那儿去夸耀，说他妈妈来了，他让她们也来看看他有一个怎样的妈妈。

谁给我送过礼物？没人送过。

"三八节"他回来了，我到火车站去接他："来，好儿子，让我帮你一把。"

"妈妈，提包太重。您拿着我的图纸筒吧！可是您要当心，里面是图纸。"

我这样捧着，他还要检查一下，看我是怎么拿的。里面是什么图纸呢？

回到家，他脱衣服，我赶快进厨房：看看我做的肉饼。我抬起头来，他站在我面前，手里拿着三枝红色的郁金香。这是在北方，他从什么地方弄来的呀？为了不让鲜花受冻，他用布裹住，装在图纸筒里。从来没有人给我送过鲜花。

夏天，他去了建筑工程队。恰好在我生日前夕，他回来了："妈妈，请您原谅，我没有写信向您表示祝贺，可是我给您带来了……"

说着就把汇款通知单拿给我看。

我念着："十二卢布五十戈比。"

"妈妈，您不认得大数了，一千二百五十卢布……"

"这么多钱，我从来没碰过，也不知道这个数字是怎么个写法。"

他得意洋洋地说："从今以后，您休息，我工作，我能够挣很多钱。您还记得吗？我小时候曾经保证过，长大以后，我来赡养您。"

他确实说过这种话。如今，他身高一米九六，他抱我时，就像抱一个小女孩。我们也许再也没有别人陪伴了，所以才相依为命。我简直不知道，我将来怎么能把他交给他的妻子。我可能会受不了。

入伍通知书寄到家里，让他去报到。

他希望能当上空降兵："妈妈，空降兵部队在招兵。不过他们说我不会被录取，因为我身高力大，会弄断他们的伞索。空降兵们戴的贝雷帽可真漂亮……"

不过，他还是被分配到维捷布斯克空降兵师了。举行入伍宣誓时，我去了。我认不出他了，他挺着胸膛，再不为自己的身高而难为情了。

"妈妈，您怎么长得这么小呀？"

"因为我总发愁，所以就不长个儿。"我想跟他开玩笑。

"妈妈，我们部队被派往阿富汗，但不让我去。为什么您不再生一个女儿？那样的话，他们就会让我去了。"

他们举行入伍宣誓大会时，很多家长都参加了。我听见有人在问："茹拉夫廖夫的母亲在场吗？大娘，请您过去祝贺您的儿子吧！"

我走了过去，想用亲吻祝福他，可是他身高一米九六，我怎么也够不到他。

指挥员下令："列兵茹拉夫廖夫，弯下身去，让妈妈吻吻你。"

他弯下身，我们亲吻，这时有人给我们拍了一张照片。这是我唯一一张他当军人时的照片。

宣誓以后，给了他几个小时的假，我们就到公园去了。我们坐在草坪上，他脱下皮靴，两只脚都磨得血淋淋的。他们刚进行过五十公里急行军，没有46码的皮靴，只能发给他一双44码的。他没有抱怨，反倒说："我们跑步时，还背着装满沙子的背囊。您猜我得了第几？"

"穿着这么一双皮靴，还不得倒数第一。"

"不对，妈妈，我是正数第一。我跑步时，脱掉了皮靴，而且没像别人那样把沙子撒掉。"

我想为他做件意外的事："好儿子，咱们到餐厅吃顿饭好不好？咱们母子还从来没进过餐厅。"

"妈妈，还不如给我买一公斤冰糖，那才是礼物呢！"

熄灯前，我们分手了。他走时举起那包冰糖，向我挥手。

我们这些家长被安置在部队体育大厅的软垫上。天快亮时，我们才躺下，大家整夜围着兵营转，我们的孩子们就在那儿睡觉。号声响了，我猛然起来，他们会去出早操，说不定还能见上一面，哪怕远远地瞅他一眼也好。

他们跑步，所有人穿的都是同样的横条背心，我疏忽了，没有发现他。

他们排着队去厕所，排着队出操，排着队进食堂。他们不许单独活动，因为当这些小伙子听说要派他们去阿富汗时，有个人在厕所里上了吊，还有两个人割了静脉。现在他们被看管起来了。

我跟大家上了公共汽车，父母中只有我一个人在哭。好像有人偷偷告诉我，这是最后一次跟儿子见面了。过了不久，他来了信："妈妈，我看见了你们乘的大汽车，我拼命地追赶，想再见你一面。"

当我们俩坐在公园里时，广播里正在唱《亲爱的母亲为我来送行》。如今每次听到这支歌……

第二封信的开头是这样写的："我从喀布尔向您问候……"看完了信，我叫喊起来。邻居们闻声跑来了。

"法律何在？保护何在？"我用头撞桌子。

"他是我唯一的亲人，甚至连沙皇时代征兵也不征独生子的，可是现在派他去打仗！"

自从生了萨沙以后，我第一次后悔没有改嫁，没有人可以保护我。

以前萨沙有时逗我："妈妈，您为什么不再嫁人？"

"因为怕你忌妒。"

他笑一阵，就再也不说什么了。我们俩计划在一起生活很久很久。

　　我又收到几封信，然后就没有音讯了，那么久没有音讯，我不得不写信给他的部队首长。萨沙马上回了信："妈妈，以后不要给部队首长写信了。您可知道，我挨了怎样的训？我的手被胡蜂给蜇了，所以没能给您写信。我不想求别人代笔，别人写的字会让您担惊受怕的。"

　　他是可怜我，才编造出这些瞎话，好像我每天不看电视，不会猜到他其实是受了伤。如今，只要一天没有信，我的腿脚就会变得不灵便。

　　他辩解说："哪能天天写信呢？要知道我们用的水，都是十天才运来一次。"

　　有一封信是愉快的："乌拉，乌拉！我随一支队伍前往苏联，我们一直走到边界，再往前就不让去了。但是我们远远眺望了一下祖国，没有比那里更好的地方了。"

　　最后一封信里，他写道："如果我能熬过夏天，我就会回来。"

　　8月29日，我想，夏季结束了。我给他买了一套衣服、一双皮鞋，我把衣服挂在衣柜里……

　　8月30日，上班之前，我摘下了耳环与戒指。不知道为什么，我那天不想戴。

　　8月30日，他阵亡了……

　　儿子死后，我能活下来，得感谢我弟弟。整整有一周的时间，他天天夜里像狗似的躺在我的沙发床旁边……他在守护我……我脑子里只有一个念头：跑到阳台上，从七楼跳下去……

我记得，他们把棺材抬进屋子后，我扑在棺材上量来量去……一米，两米……我儿子有两米高……我用手量，看看棺材是否能容得下他……我像个疯子似的跟棺材说话："谁在里面呀？好儿子，是你吗？……谁在里面呀？好儿子，是你吗？谁在里面呀？好儿子，是你吗？"……他们给我运来的是钉死的棺材，他们说："大娘，我们给您运回来了……"我都不能最后吻他一次，不能爱抚他一下……我甚至不知道，他身上穿的是什么衣服……

我说，我要亲自在公墓里为他选一个地方。他们给我注射了两针，我便和弟弟一起去了。主林荫路的两旁，已经有一些"阿富汗人"的坟墓了。

"把我的好儿子也埋在这里。他在这儿，和自己的弟兄们在一起，会觉得愉快些。"

我不记得是哪些人和我们一起去的，有一位首长摇摇头说："禁止把他们葬在一起，要把他们分散地埋在公墓各地。"

哎呀，我听后火冒三丈。哎呀，我立刻变得恶狠狠的了。"别生气，索妮娅。千万别生气，索妮娅。"弟弟哀求道。

我怎能善良呢？电视里播的是他们在喀布尔……我恨不得拿起机关枪，把所有人都打死……坐在电视机前，我就"开枪"……是他们打死了我的萨沙……后来，有一次播一个老太婆，应该是阿富汗大妈，她两眼直盯着我。我心想："她的儿子也在那边呀，也许他的儿子也被打死了？"看见她之后，我不再朝电视机"开枪"了。

也许我应该从儿童院抱养一个男孩回来？……淡褐色的头发，长得像萨沙那样……不，我怕男孩……最好抱个女孩……男孩以后会被征去当兵，然后被打死……到那时，我们两人一起等待萨沙……我不是疯子，但我要等他回来……据说有过这么一件事……他们把棺材给母亲运回来，母亲把它埋葬了……过了一年以后，他回来了，活人一个，只是身上有伤……母亲的心都已经碎了……

　　我在等他回来……我没有见过他死去的身体……我没有亲吻过他……我在等待……

—— 一位母亲

我想像个正常人一样活下去

我就不从最开头说起了，让我把一切从崩溃时讲起吧。

我们常去贾拉拉巴德①，路旁站着一个六七岁的小姑娘，她的一条胳膊被打断了，像被弄坏了的布娃娃，还有一根线挂在身上。她的两只眼睛像两个油橄榄，直勾勾地盯着我……我从汽车上跳下来，想把她抱到我们的女卫生员那里去。她吓坏了，像一只发了疯的小动物，从我身边跳开，同时大喊大叫……她一边跑一边叫，小胳膊摆来摆去，看样子马上就要断掉……我也在跑，也在喊……我追上她，抱住她，安抚她……她咬我，挠我，她全身在颤抖……她好像是被一只野兽，而不是被人抓住了……我脑子里闪现出一个念头，如同晴天霹雳，这是让我自己大为震惊的念头：她不相信我是想救她，她以为我要杀死她！

担架从我们身旁走了过去，上边坐着一个阿富汗老太婆，老太婆脸上笑眯眯的。

有人问："她哪儿受了伤？"

"心。"女护士说。

---

① 贾拉拉巴德，一译"贾拉勒阿巴德"。阿富汗东部城市，南加哈尔省首府，在喀布尔以东一百三十公里。

我到那边去时，和大家一样，眼睛闪闪发光。我以为我到那边去，会为人民所需要，为他们所需要。可是那个小女孩挣脱我，疯狂地跑了。她全身都在发抖，她那么怕我……我永远忘不掉……

在那边，我没有做过打仗的梦。在这儿，我夜夜都梦见作战。我追赶那个小姑娘……她的眼睛像两个油橄榄……一条小胳膊甩来甩去，马上就要断掉……

"我是不是应当找精神病学专家去看看病？"我向自己的哥们儿征求意见。

"什么？"

"我夜夜都梦见在打仗。"

"我们也都做打仗的梦……"

请你们不要以为那是一些自命不凡的人……你们可曾有过那种时刻，嘴里叼着雪茄，坐在死人身上，打开一听焖肉罐头，或是吃着西瓜？……一派胡说！大家都是普通小伙子，任何人都可能处在我们的位置。谁今天敢谴责我们说："你们在那边杀过人……"我就恨不得给他一记耳光！你没有到过那边，你没有尝过那边的滋味，那你就别训人！

你们永远不可能和我们站在一起，谁也没有权力审判我们。只有萨哈罗夫①一个人，他的话我听……谁也不想弄明白这场战

---

① 安德烈·萨哈罗夫：苏联核物理学家，他有很多观点与苏联当局相悖，1975年获得诺贝尔和平奖。

争的性质，只留下我们独自面对这场战争，说什么"你们自己弄明白吧"！好像我们真的有罪，应当为自己申辩……向谁申辩？我们是被派去的，我们相信了他们的话。我们带着这种信念，一个一个在那边送了命。不要把派我们到那边去的人，和我们这些被派到那边去的人相提并论。我的一个朋友在那边牺牲了……萨沙·克拉维茨少校……你们告诉他妈，说他有罪……你们告诉他妻子，告诉他的孩子们……是你们派我们到那边去的……

"您的一切都正常！"医生对我说。

我们怎么能是正常人呢？！我们的内心承受了那么多创伤……

在那边，对祖国完全是另外一种感觉，大家称它为苏联。欢送退伍军人时我们说："回国以后请向苏联鞠个躬。"

我们总觉得，我们背后有股强大的力量，这股力量永远会保护我们。记得有一次，战斗结束之后，我们有损失，有的人阵亡，有的人受了重伤……晚上打开电视，想散散心，看看国内有些什么事——在西伯利亚建成了一座新的巨型工厂……英国女王举行午餐会欢迎贵宾……沃罗涅日市几名少年由于无聊强暴了两个小女学生……非洲有个王子被杀了……

我们有一种感觉，谁也不需要我们，国家过着自己的生活……

萨沙·库钦斯基第一个控制不住自己了："关上！否则我就把电视机打碎。"

战斗结束，通过便携式无线电话汇报："请记录：三〇〇——六个，〇二一——四个。"

三〇〇就是伤员，〇二一就是阵亡者。瞧着被打死的战友，你就会想到他的母亲。我们知道她儿子已经阵亡了，可是她还不知道。有人告诉她了吗？更倒霉的是那些掉进河里或山涧里的人，连尸体也找不到。通知他们的母亲时说"失踪"……这是谁的战争？是母亲的战争。

他们在打仗，可是人民不痛苦，人民不知道。向人民介绍的是我们在打"匪帮"。十万正规大军，用九年时间，打不过小股的"匪帮"？而且这支大军是用最新武器装备起来的……等我们的火箭装置"冰雹"或"龙卷风"找到目标，并开始炮火轰击时，碰到这种情况可就倒霉了……电线杆子炸得满天乱飞……那时真想变成蚯蚓钻进地里去……而"匪帮"用的是马克沁机关枪，这种武器我们只在电影里见过……毒刺式导弹，日本无坐力炮……这都是后来才出现的。押来的俘虏枯瘦如柴、疲惫不堪，长着一双农民的大手……这哪是匪帮？这是普通老百姓！

我们在那边认识到：他们不需要这场战争。既然他们不需要，我们为什么要进行这场战争？当你经过遗弃的村庄时，烟火还在缭绕，可以闻到食物的气味……一只骆驼在行走，拖着自己的肠子，好像它在为自己的驼峰松绑……应该把它打死……可是人的意识还停留在和平时期的生活里，下不了手……有个人却端起枪来就朝骆驼射击，随便打着玩！也许是为了取乐，也许是一时犯浑。这种行为在苏联国内会被关进监狱，可在这儿却是英雄行为，为报仇而消灭匪帮。为什么十八九岁的人能比三十岁的人更容易杀人呢？他们不会心疼。战争结束以后，我突然发现有一些可怕的童话，故事里总是有人杀人，妖婆在炉子里烧活人，孩子也不觉得害怕，他们很少哭泣。

我想像个正常人一样活下去。有位女歌唱家来到我们部队，她长得很漂亮，唱的歌也动人。在那边可想女人了，等她到来如同等待亲人光临。

她出场了："我飞到你们这儿来以后，试着用机枪扫射了一番。开枪射击可真让人开心……"

她开始演唱，唱到副歌时，她要求大家拍手："弟兄们，拍手啊！拍手呀，弟兄们！"

谁也不拍手，鸦雀无声，她离开了舞台，演唱会告吹。自命不凡的女孩来看望自命不凡的男孩，而在这些自命不凡的男孩的兵营里，每个月会增加十来个空床位……曾经睡在这些床上的人，现在已经躺在冰库里了……只有给他们的信还斜放在床单上，妈妈寄来的，姑娘寄来的："带着问候飞去呀，带着音讯回来吧……"

在这场战争中，首要的是争取活下来，不要让地雷炸死，不要在装甲输送车里被烧死，不要成为神枪手的靶子。对于某些人来说，不但要活下来，还要带回一些东西，电视机呀，紫羔皮短大衣呀……有这么一个笑话流传开了：苏联人可以从寄卖商行那里了解战争的情况。冬天，我们走在斯摩棱斯克的大街上，可以看到身穿阿富汗皮大衣的少女，这已经成了时髦的装束！

每个士兵脖子上都挂着一个小小的护身符。

"你挂的是什么？"

"是妈妈让带来的祈告文。"

等我回家后，妈妈才说出她的心里话："托里亚，你并不知道，我对着土地做了祈祷，所以你才完整无缺地活着回来了。"

我们出发去袭击时，会把一张小纸条装在上衣口袋里，另一张装在裤兜里。假如踩上地雷，被炸死了，总还能保留一部分身体，或是上半部或是下半部。有人戴着手镯，上面刻着自己的名字、血型、Rh 因子和部队番号。

大家从来不说"我去"，总是说"派我去"，也从不说"最后"两字。

"走，最后去一次……"

"你疯了？这里没有这么个词儿……如果要说，起码要说那个……喏，第四个，第五个……那个词儿，这儿谁也不讲。"

战场上有一套糟糕的规律：出征前拍过照的准被打死，出征前刮了脸的也会被打死。凡是有一双天蓝色眼睛，到这边来想表现一下英雄气概的人，会率先送命。我见过这么一个人，他说："我会成为英雄！"他没走几步就被打死了。对不起，作战时躺在哪儿，就得在哪儿拉屎撒尿。士兵有句谚语："宁可在自己的屎堆里待着，也不在地雷上开花。"

我们在交流中，已经形成了自己的一套黑话：

舱——飞机

装甲——装甲坎肩

绿的——灌木和芦苇丛

陀螺——直升机

见过老幻——吸毒后产生的幻觉

在地雷上跳舞——被地雷炸死

下岗人——准备回家的人

……

　　我们创造了那么多词，甚至可以编成一本阿富汗词典。开头
几个月和最后几个月死的人最多，开头——什么都好奇，最后几
个月——警惕中心失灵，人变得愚钝了。到了夜里，不明白自己
是在什么地方，不明白自己在干什么，不明白自己是什么人，不
明白自己为什么要这么干。问自己：这是我吗？

　　"下岗人"会一连一个半月到两个月不能入睡。他们有自己
计算日期的办法：3月43日或者2月56日，也就是说，他本应
在3月底或2月底被替换下来，他在焦虑中等待。这时他看到
什么都心烦，食堂的菜谱：红鱼——番茄鲱鱼；白鱼——奶油鲱
鱼。一看就来火，看见驻军所在地的中心花坛也来火。不久前听
了笑得前仰后合的笑话，现在也不爱听了。说也奇怪，昨天和前
天听起来都觉得那么有趣，其实有什么可笑呢？

　　一位军官出差，回到苏联，走进理发店。

　　女服务员请他坐好："阿富汗的形势如何？"

　　"开始正常了……"

　　过了几分钟，她又问："阿富汗的形势如何？"

　　"开始正常了……"

　　过了一段时间："阿富汗的形势如何？"

　　"开始正常了……"

　　军官理完发走了。理发馆里的人都莫名其妙："你为什么总

用那句话折磨人家？"

"我一问阿富汗，他的头发就竖起来，理起来方便。"

在这儿总想回去（已经过了三年），不是去打仗，而是去见那边的人。盼啊盼啊，盼到最后一天又舍不得走了，我恨不得把所有人的住址都要到，所有人的住址。

我向"麻秆"要了他家的地址，"麻秆"是大家给瓦列里·什罗科夫起的外号。他小巧玲珑，动不动就会有人唱道："你的胳膊像麻秆……"可是他有钢铁般的性格，一句多余的话也不说。我们当中有个吝啬鬼，什么都攒，什么都买，什么都换。瓦列里走到他跟前，从自己钱包里取出两百元兑换券，给他看了看，然后当着他的面把兑换券撕得粉碎，弄得那个小子傻了眼，瓦列里不声不响地走了。

我向萨沙·鲁狄克也要了住址，我和他在作战出击时一起过的新年。我们把自动步枪架在一起，像座金字塔，这就是新年的枞树。树上挂满了手榴弹，这就是新年玩具。用牙膏在"冰雹"火箭推动器上写着："新年好！！！"也不知为什么，画了三个惊叹号。萨沙擅长绘画，我带回一条有他画的风景的床单：画里有狗，有个小姑娘，还有枫树。他没有画山，我们在那边一点也不喜欢山了。你问任何一个人："你怎么闷闷不乐？""我想到森林里去走一走……在河里好好洗个澡……喝一大杯牛奶……"

我们在塔什干一家餐厅里，服务员小姐走过来："可爱的小伙子们，要牛奶吗？"

"每人来两杯普通的凉水，明天再喝牛奶，我们刚下飞机……"

每个人从苏联回去时，都带了一箱果酱和一把洗澡用的桦笤帚。那边也出售桉笤帚——理想的洗澡用具！可是不行，总是带家乡的桦笤帚……

我向萨什卡·拉舒克也要了他家的地址。这是一个纯朴的小伙子，经常往家里写信。"我爸妈都老了，他们不知道我在这边，我给他们编造了我在蒙古的故事。"他带着吉他来的，又带着吉他回去了。

那边什么人都有，可别把我们看成是一模一样的人。最初人们是不提起我们，后来把我们都想象成英雄，如今又把我们说扁了，恨不得把我们忘得干干净净。在那边，有的人可以纵身扑在地雷上，以便拯救和他完全不相识的弟兄；有的人可能走到你面前乞求："我给您洗衣服，您愿意吗？只求您别派我上火线。"

卡玛斯载重大汽车一辆辆开过去，遮护板上写着大字：科斯特罗马、杜勃纳、列宁格勒、乔尔诺河畔……有的写着："我想回阿拉木图！"列宁格勒人能找到列宁格勒人，科斯特罗马人能够找到科斯特罗马人……像兄弟一般拥抱，我们在苏联也像是兄弟。喏，今天哪个年轻人会挂着拐杖、佩戴勋章走在街上？只能是自己人。只能是我的哥们儿……我们的哥们儿见面就拥抱，有时在长椅上坐一会儿，吸支烟，感觉像是聊了一整天。我们大家个个营养不良……在那边，这表现在体重与身高不成正比上……在这儿，感情不适于用语言表达，也不适合在工作中表达出来……

我们离开机场，向旅馆驶去。在回国后的头几个小时，大家一句话也说不出来，只静静地坐着。可转眼之间，大家的神经承受不住了，异口同声地对司机喊道："注意车轨！车轨！注意车轨！"

然后，一阵哈哈大笑。然后，一种幸福的感觉：我们已经到了苏联！可以在路边上行车……沿着车轨走……在大地上，到处都可以走了……一想到这些就心醉神迷……

几天以后，我们发现："弟兄们，我们都是驼背！"

我们不会挺胸走路了，不习惯了。有半年时间，我每天夜里把自己绑在床上，以便能挺起胸来。

在"军官之家"举行会见时，有人提问："请您讲一讲，在阿富汗工作中的罗曼蒂克。""您亲手杀过人吗？"姑娘们特别爱提一些血淋淋的问题。周围的生活枯燥乏味，使你觉得有些无力。可是没有一个人谈及伟大的卫国战争的罗曼蒂克！那时参战的是儿子，是父亲，是爷爷们，而在这儿，清一色是娃娃兵。盲目，狂喜，他们什么事都想亲自试一试，已经让人看腻了。大麻，有人尝了一口腾云驾雾，另一个人头昏眼花，树丛变成了大树，石头变成了山冈，走路时脚抬得比平常高两倍，他的感觉更可怕。

有人还提出这么一个问题："当时，您不去阿富汗行吗？"

我？我……我们中间只有一个人拒绝去，他是炮兵连长邦达连科少校。

"如果是祖国，我会去保卫。阿富汗——我不去。"

对他采取的第一个处治办法是召开军官荣誉审判会，他因"胆怯"被除名！男子汉的自尊心受到凌辱承受得起吗？这就相当于绳索套在脖颈上，手枪对准太阳穴。第二个办法是降级，用我们军人的说法，就是弄掉肩上的星星，从少校降为大尉，打发到建筑营去，能承受得起吗？从党内被赶出去，能承受得起吗？从军队里被赶出去，能承受得起吗？军人的骨气，毕竟在部队里已经练就了三十年。

"你能干什么？"有人问这位军官。

"我可以指挥一个排，也可以指挥一个连或一个炮兵连。"

"你还能干什么？"

"我还可以挖地。"

"还能干什么？"

"我也可以不挖地……"

这也要承受？

……

过海关时，他们把我录音带上罗森鲍姆①演唱会的歌给消掉了……

"老兄们，你们这是干什么呀？"

"我们这儿有个名单……"对方拿给我看，"……什么东西可带，什么东西不能带。"

我回到了斯摩棱斯克，从大学生宿舍每个窗口传出来的，都是罗森鲍姆的歌声……

而如今，需要吓唬一下那些敲诈勒索者，民警找来了："弟兄们，来帮个忙吧！"

需要把非法集会的人驱散："咱们把'阿富汗人'找来。"

也就是说，"阿富汗人"是杀人机器，他们什么都可以干，

---

① 亚历山大·罗森鲍姆，1951年生，俄罗斯著名演员、歌手、作家。

他们有结实的拳头、幼稚的头脑，谁都怕他们，谁都讨厌他们。

当你手疼时，千万别把它砍掉，你得细心照料它，把它治好。你会把他治好的。

我们为什么要聚会？我们全靠大家聚在一起而自救。不过，你还是得一个人回家……

—— 一位炮兵团少校宣传员

我在那边杀过人吗

每天夜里都做同样的梦，翻来覆去总是那些事。大家都在射击，你也在射击，大家都在奔跑，你也在奔跑……摔倒了，梦醒了……躺在病床上……你想霍地从床上跳下来，到走廊上去吸烟。这时才想起自己没有腿，你又回到了现实中……

我不愿听别人讲什么政治错误，我不愿意听！如果是错误，那么请把我的腿，我的两条腿，都还给我……

您以前从死人衣兜里取出过这样的信吗？

"亲爱的……""各位亲爱的……""我的心肝……"

您见过同时被土枪和中国产的自动步枪打得像筛子一般的士兵吗？

我们是被派到那边去的，我们是在执行命令。在部队里，你应先执行命令，然后才可以申诉。让你前进，那么只能往前走！如果不听从命令，就交出党证，放弃军衔。你宣过誓吗？宣过。当你的肾已经失灵时，再喝矿泉水也晚了。"我们没有派你们到那边去。"那么是谁派的呢？

那边有我一个朋友，我去参加战役，他和我告别。我回来了，他拥抱我，我还活着！在这儿我就不会有这样的朋友……

我很少上街……难为情……

您以前可勒紧过我们的假肢？靠假肢走路，总怕摔断脖子。有人说，在别的国家里，装有假肢的人能够在山区使用滑雪板滑雪，可以打网球、跳舞。请用外汇买回这类假肢，代替法国化妆品吧，代替古巴糖、摩洛哥橘子……

我二十二岁，以后的人生还长着呢，我要找个妻子。

我有过一位女友，我对她说："我恨你。"我的目的是让她离开我。她可怜我……我希望她能爱我……

> 我夜夜梦见故乡的家，
>
> 花楸树林边，多么宁静。
>
> 三十，九十，一百声……
>
> 布谷鸟，你为何唱得这样多情……

这是我们唱的一首歌……可爱的一首歌啊……而有时连一天也不想再活了……

可我现在还幻想，哪怕是再瞄一眼那一小块土地……圣经上提到的那片沙漠呢……它吸引我们所有人到那里去……吸引力很强，如同站在悬崖边上，或是大河高高的陡岸上……它吸引我们，弄得我们头晕目眩……

战争结束了……现在他们想办法要把我们忘掉，把我们掩藏得远远的……芬兰战争时就是如此……关于伟大的卫国战争写了多少著作，可是关于芬兰战争什么也没写……我国人民很容易原谅人……再过十年我也会习惯的，到那时我才无所谓呢……

我在那边杀过人吗？杀过。难道您希望我们在那边当天使？您期待着，回来的都是天使？

——一位上尉，迫击炮连连长

我们出发时从不握手告别

当年在远东服役，我从值班电话员的日志本上读到这么几句话："派伊万诺夫上尉到军司令部去，研究调他前往突厥斯坦军区继续服役事宜。××年×月×日。"我以为会把我派往古巴，因为医务委员会进行身体检查时，谈到要去气候炎热的国度。

他们问我："我们想派您出差到国外去，您没有意见吧？"

"没有意见。"

"派您去阿富汗。"

"好的。"

"您知道吧，那里到处开枪，杀人……"

"明白……"

工兵在苏联过的是什么日子？用锹挖地，用镐凿眼。大家很想施展一下在军校学会的本领，战场上工兵永远是需要的人物。我去学习作战。

被找去谈话的所有人当中，只有一个人拒绝了。找他谈了三次："派您出差到国外，您没有意见吧？"

"有，我有意见。"

他不值得羡慕。他当场受到警告处分，军人荣誉受到了玷污，不可能再提级了。他是因为健康状况拒绝的，他不知是患胃炎还是溃疡病。但人家根本不管他有病没病，天热还是不热，既然建议你去，就应当去。名单已经在付印中……

乘火车从哈巴罗夫斯克到莫斯科，我们走了六天，穿过整个俄罗斯，跨过西伯利亚的几条大河，经过贝加尔湖畔。过了一昼夜，女列车员没有茶叶沏茶水了，又过了一昼夜，烧水的大锅炉坏了。亲属们来接站，哭了一阵，既然需要我们，就得去。

……

打开了舱口，天空蔚蓝蔚蓝的，我们国内只有河上才会有像他们那边那么蔚蓝的天空。各种吵闹声，都是自己人。有的人见到了替换人，有的人见到了朋友，有的人等待苏联亲友捎来的东西。大家晒得黝黑，但心情愉快。不相信有的地方气温能达到零下三十五摄氏度，金属和装甲都能被冻住。在转运站，我隔着铁蒺藜见到第一个阿富汗人。除了好奇心之外，没有其他感受，那是一个普通的人。

在巴格兰接到通知，我被派到工兵营道路工程排当排长。

天一亮，我们早早起床，像是去上班。坦克带着扫雷工具，一组工兵，用于搜索地雷的军犬和两辆步兵战车作为战斗掩护体。头几公里我们坐在装甲车上，那边的道路尘土飞扬，像雪一般，容易辨别足迹。鸟儿落一下也会留下爪印。

倘若昨天坦克经过此处，就要特别小心，坦克履带留下的痕迹里可能埋了地雷。他们用手指按出履带的印纹，然后用布袋或缠头扫平自己的脚印。我们围着两个死寂的村子打转，村里已经没有人，只剩下一片焦土，绝好的掩体，要时刻提高警惕！

过了村庄，我们从装甲车上爬下来。这个时候是这样的，军犬在前边跑，东钻西窜，工兵手持探雷器尾随军犬前进，他们一边走一边触探地层。这时，但愿上帝保佑你，全靠你的直觉、经验和敏感度了。那边有一根折断的树枝，那边地上扔着一块铁片，昨天还没有，那边有块石头。他们也为自己留下了标记，免得踩上地雷。

一块铁片，又一块……一个螺栓，好像是被随手扔在尘土中，其实底下埋着电池……反坦克地雷感受不到人走路的动静，只有压力达到二百五十到三百公斤时才起作用……第一次爆炸，坦克上只剩下我一个人。我当时坐在炮筒旁，炮塔起了保护作用，其他人都被炸死了。我马上摸了摸自己，检查一下脑袋是否在原处，胳膊大腿是否在原处……全在原处，继续前进。

前边又是一次爆炸……一辆轻便装甲牵引车撞在威力巨大的地雷上了……牵引车炸成了两半，地上炸出来的坑有三米宽、一人多深。牵引车是给火箭炮运炮弹的，装载量大约有两百颗。炮弹落在路边和草丛里，散成扇面的样子，车上有五个士兵和一个上尉。我和那位上尉在一起度过了几个夜晚，吸烟，谈心……他们一个完整的也没剩下……我们一边走，一边收集……脑袋上沾满尘土，干瘪得就像是没有骨头……收集了六箱子，分开装着，以便给每个家里都能分别运送回去一些……

军犬帮了大忙。它们和人一样，有的聪明，有的傻，有的有直觉，有的没有。哨兵能睡着，军犬却不会打瞌睡。我喜欢"阿尔斯"，这条军犬见了我们的士兵，就摇头摆尾表示亲热，见了阿富汗军人就吠叫。他们的军装比我们的颜色更绿，我们的军装颜色发黄，可是"阿尔斯"怎么能分辨得出来呢？

军犬距离地雷几步远，就能嗅探出来……它们把鼻子贴在地上，尾巴翘得像根烟囱，禁止靠近！有各种各样的地雷陷阱……最可怕的是自造的地雷，它们不重样，无法掌握它们的规律……那儿摆着一个生锈的茶壶，炸弹就在里面……炸弹在收音机里，在钟表里，在罐头盒里……有的人不和工兵一起走，大家把他们称作"送命鬼"。大路上埋着地雷，山路上埋着地雷，房子里埋着地雷……工兵总是首当其冲……

我们在一个小小的战壕里踩来踩去……这里已经爆炸过一次，我们已经四处搜寻了，大家在这里已经踩了两天……我从上边跳下来，轰隆一声，我还没有昏过去……望了望天空……天空晴朗……爆炸时，工兵的第一个反应是看看天空，检查自己的眼睛是否完整。自动步枪的枪托上总是带着止血带，有人用这个止血带给我包扎，包扎在膝盖以上的部位……我早已知道，止血带包扎在什么地方，将来就要从那个部分以上三到五厘米处截肢。

"你把止血带包扎在什么地方了？"我对士兵喊道。

"上尉同志，您的腿一直碎到膝盖处了。"

走了十五公里，一个半小时过去了，才把我送到卫生营，给我清洗消毒，打了普鲁卡因封闭针。第一天就把我的大腿割掉了，圆锯"吱吱吱"地叫，我昏了过去。由于爆炸时火焰扑向面颊，第二天眼睛开始动手术。我的眼球缝了又缝，一共有二十二处伤口。一天动两三处手术，免得把眼球弄碎了。医生走过来，用手电筒照照左边，再照照右边，看看有没有光感，视网膜是否在原位。

"什么颜色？"

"绿色。"

手电筒的光是红色的。

我应该能写出一篇小说，讲讲一个军官怎样变成在家里干活的小工。他收集照明灯头、电池盒，一天一百个……他铆紧电线……哪一种？红的？黑的？白的？他不知道……他看不见……诊断：彻底失明……他编织网篓，粘贴纸盒……他过去认为只有疯子才干这些事，一天编三十个网篓，就足够完成定额了……

工兵很少有机会生还或身体完整地生还，特别是排雷连或特殊排雷连的工兵。他们不是伤残就是毙命，我们出发时从不握手告别。爆炸那天，新来的连长握了握我的手，他是真心实意地跟我握手，那时谁也没有提醒他。当天我就踩上地雷，飞向半空了……你信也好，不信也罢。有一种说法：既然自愿申请去阿富汗，就别想回家；如果是被派去的，那是执行任务，或许能免灾，还有返回老家的可能。

五年过去了，我经常做的是什么梦呢？梦见很广阔的原野，布满地雷……我们绘制了记录图：有多少地雷，分成多少行，可以据此发现地雷的标记……可是这个记录图让我弄丢了……遗失记录图是常有的事，有时取出记录图，那上边有标记——树，可是那棵树已经被烧毁了……或者是一堆石头，可是那堆石头已经被炸飞了……谁也不去看，谁也不去检查……害怕……有时让自己的地雷给炸死了……我在梦中，看见一群孩子在我的地雷区奔跑……谁也不知道那儿有地雷……我要喊："那儿有地雷，你们不要去！"我要跑到孩子们前面去……我奔跑……我又有了两条腿……我发现我的眼睛又能看见东西了……但，这只是在夜里，在梦中。我醒了……

——一位工兵上尉

他们死的时候不声不响

听起来好像是无稽之谈，就这件事而言，我指的是这场战争。我是个富于幻想的人，不喜欢琐碎的事，对物质享受也不感兴趣。我到那边的第一天，军医院院长便把我找去："什么事迫使您非到这儿来不可？"我不得不讲述我的一生，讲给一个陌生的男人听，而且他还是军人……讲自己……活像是把自己拉到广场上示众……任何秘密、隐私都摆在光天化日之下。对我来说，这太折磨人，太伤自尊了。

您看过《境外》那部影片吗？描写集中营里的犯人生活。我们的生活方式，就是按照他们的那种法则制定的……也是那种铁蒺藜，也是那么一块小地方……

我周围是一些年轻的女服务员、女炊事员，她们的谈话不外是关于卢布，关于兑换券，关于带骨头和不带骨头的肉、半生不熟的熏肠，还有保加利亚饼干。在我看来，保护我国的娃娃们，拯救他们的生命，这应该是一种自我牺牲精神，是女人应尽的职务！

我把一切想象得多么崇高。有人失血过多，我献出自己的血。在塔什干转运站，我已经明白了，我去的不是我要去的地方，我坐在飞机里哭，泪水怎么也止不住。那边和这儿一样，我本来想逃离此地，逃离我厌恶的地方。转运站里，伏特加酒像河一般流淌。"我们梦见了航天站的青草……青草绿油油……"我真像是要飞往太空……在苏联,在这里,每个人有自己的家,自己的堡垒……可是到了那边……我们一个房间里住四个人。当炊事员的那个姑娘,从食堂带回肉来,把肉塞到床下……

"你擦地板……"她对我说。

"昨天我已经擦过了,今天轮到你了。"

"你替我擦,我给你一百卢布……"

我一声不吭。

"我给你肉吃。"

我一声不吭,她提起一桶水就泼在我的床上。

"哈——哈——哈——哈……"大家大笑起来。

另一个姑娘,是个女服务员,她开口闭口就骂娘,同时她又喜欢茨维塔耶娃的诗。下班以后,她坐下来摆纸牌算命:

"有——没有……有——没有……"

"什么'有——没有'?"

"当然是爱情了,还能是什么?"

那边也举行过婚礼,真正的婚礼。也有过真正的爱情,但不多。去塔什干之前是爱情,从那儿开始就分道扬镳了,他往东,她往西。

塔尼娅·贝特尔,这家伙又高又大,喜欢坐着聊天,一聊就聊到深更半夜。她只喝纯酒精。

"你怎么喝这东西?"

"你不用管,伏特加酒没劲,我喝着不过瘾。"

她随身带着五六百张电影明星照片,这种照片在商店卖的价钱很高。她神气十足地说："为艺术我是不惜花钱的。"

维罗奇卡·哈尔科娃给我留下的印象，是整天坐在镜子前，张着嘴，伸着舌头，她怕传染肠伤寒。有人告诉她，每天早晨要对着镜子看一看，一旦得了肠伤寒，舌头上就会出现牙齿划的痕迹。

她们不尊重我，他们认为我是个愚蠢的女人，整天拿着微生物试管。我在军医院传染病病房做细菌学医生，我每句话都离不开肠伤寒、肝炎、副伤寒。伤员不是马上就能被送到军医院的，有的人要过五到十个小时，有的人在山里，在沙漠里，要过两天两夜才能送进军医院，那时候伤口已经化脓，长了细菌，也就是所谓的伤口感染。有的伤员还处在复苏状态中，可是我发现他已经感染了肠伤寒。

他们死的时候不声不响，只有一次，我见到一位军官哭了。他是摩尔达维亚人，外科医生也是摩尔达维亚人，他来到军官面前，用摩尔达维亚语问他："老乡，哪儿不舒服？哪儿疼？"

那位军官哭了："救救我吧，我应当活下去！我有心爱的妻子和心爱的女儿，我应当回去……"

他本来也会默默地死去，但他哭了，因为他听见了母语。

我不敢进停尸房，送到那里的尸体——肉和泥土搅拌在一起。那个姑娘的床下也是肉……她们把煎锅摆在桌子上："卢巴！卢巴！"这是阿富汗语"前进，前进"的意思。天气炎热……汗水滴到煎锅里……我只见过伤员，我只和各种细菌打交道……我不会出售细菌……军人商店里用兑换券可以买些糖块，那是我最喜欢吃的东西！

《阿富汗，多么美丽的国家》，那边唱过这么一首歌。如果让我老老实实地承认，我在那边时什么都怕……我到那边时，甚至分不清肩章上的星星，不知道是什么军衔。我和任何人谈话都称呼"您"。我已经不记得是谁，在军医院的厨房里给了我两个生鸡蛋。他们知道医生们都过着半饥半饱的生活，只能吃到土豆泥、冻肉——这些都是为战争准备的，像木材，没有味道也没有颜色……我匆匆接过那两个鸡蛋，用餐纸包了起来，心想：喏，回家拌上葱可以美餐一顿了，那天尽想着怎么吃晚饭了。这时，有人用滑轮车推着一个小伙子从我身边经过，准备把他送回塔什干。他身上盖着一条床单，床单下边是什么样的，我看不见，只见一个漂亮的头颅在枕头上摇摆。

他睁开眼睛望着我："我饿。"

当时正是吃午饭的时候，饭盒还没有送来，可是已经准备把他送上飞机了。他什么时候能飞到塔什干，什么时候能吃上饭，不得而知。

"给你。"我把那两个鸡蛋给了他，转身走了。我没有问他是否有手，是否有脚。我把鸡蛋放在他的枕头上，我没有替他剥皮，也没有喂他。万一他没有手怎么办？

我坐了两个小时的车，身边停着尸体，四具尸体……他们身上穿的是运动衣……

回到家了，我不敢听音乐，不敢在街上、在无轨汽车里讲话。我恨不得把房间门一关，只留下我和电视机。

乘飞机回苏联的前一天，我们军医院的院长尤里·叶菲莫维奇·日勃科夫自杀了……

我在阿富汗时，从一位军官那儿抄了一句话："如果一个外国人有机会来到阿富汗，又能健康地、没有伤残地、肩膀上扛着脑袋离开这里，那么他将会受到苍天的特殊保护。"这是法国人傅立叶的话……

我在街上遇见一个年轻人，他也许是"阿富汗人"？可是我没有叫他，免得自己显得可笑。我本来性情温柔，现在却发现自己突然变成一个咄咄逼人、残忍无情的生物了。我们准备让一些娃娃出院……他们躲藏到军医院的顶层阁楼里、地下室里……我们到处找他们，把他们拖出来……年轻的姑娘们在转运站教我应当给谁一瓶伏特加，以便能被分配到好的工作岗位上去……她们教我这样做，她们才二十来岁，而我——四十五岁。

回国过海关时，他们让我把身上的衣服全部脱光，甚至乳罩也不能戴。

"您的职业？"

"细菌学医生。"

"请出示证件。"

他们接过证件："把皮箱打开，我们要检查……"

我把旧大衣、被褥、床单、发卡、叉子都带回来了……如今，我把从家里带去的东西都倒在桌子上……"您这是干什么，疯啦？您大概写诗吧？"

我在这儿实在忍受不下去了，这儿比那边更可怕。从苏联回到那边时，谁带来什么东西，大家都会围在一张桌子前，坐下一起享用。我们喝第三杯酒时，大家默默无语。这杯酒用来祭奠那些阵亡的战友。我们坐在桌前，老鼠窜来窜去，钻进鞋子里。凌晨4点钟听见嚎叫声……我第一次听到这声音时，腾地跳了起来："姑娘们，狼！"姑娘们都笑了："是毛拉在唱经。"很长一段时间，到了凌晨4点钟我就会醒。

我想继续工作，我申请去尼加拉瓜，到打仗的地方去。我不甘心过这种生活，我的心不希望如此。在战场上会更舒服些，在那边干什么事都可以找到理由，不管是好事还是坏事。这不可思议吗？可是我脑子里常常出现这种念头。

——一位细菌学女医生

你听见我的声音了吗？

是我第一个选中了他。小伙子站在那里，高个子，好相貌。

"姑娘们，"我说，"他是我的了。"

这场舞是女邀男，我走过去，请他跳华尔兹。姑娘们选的是舞伴，我选的是命运……

我很想生个儿子，我们俩商量好了：生女儿，由我起名，叫她奥列奇卡；生男孩，由他起名，叫阿尔乔姆或者丹尼斯。

出生的是奥列奇卡。

"还要个儿子吗？"

"要。等奥列奇卡稍微长大一点再说。"

我本来还可以为他生个儿子的。

"柳多奇卡，别害怕，别把奶水吓回去……"当时我正用自己的奶喂婴儿，"我要被派去阿富汗了……"

"为什么派你去？咱们的孩子还小。"

"我不去，别人也得去。党下了命令，共青团的回答是'到'！"

他是个忠于职守的军人。他常说："命令，从来不能讨价还价。"他们一家，尤其是他母亲，性格强势，所以他已习惯于遵命、服从。他在部队里就觉得生活轻松。

您问欢送的情景吗？男人们都在吸烟，母亲一言不发，我不住地哭：“谁需要这场战争啊？”女儿在摇篮里睡觉。

我在街上遇见一个呆傻的女人，疯疯癫癫的。她常常出现在我们这个兵营驻地，有时在集市上，有时在商店里。人们传说，她年轻时被人强奸了，从那以后，她连自己的母亲也不认识了。她在我身边停下来。

“等着他们把你男人装在锌皮箱子里运回来吧。”她咯咯地笑一阵后，跑了。

我不晓得会发生什么事，但我晓得一定有事会发生。

我等他回来，像西蒙诺夫诗中写的：“你等着我吧，我会回来。”……那时，我一天可以给他写上三四封信，都寄出去。我觉得我是用自己对他的思念，用自己对他的爱在保护他。他回信说：“在战场上，每个人都在进行自己的工作，在执行命令；各有各的命运。你不必伤心，等着吧！”

每次我去看望他的双亲时，谁都不提阿富汗，他的爸妈也只字不提。大家没有商量过，可是都害怕这个词……

我给女儿穿好衣服，准备送她去幼儿园。我吻了吻她，刚一开门，发现几个军人站在门口，有一个人还提着我丈夫的皮箱。皮箱不大，是褐色的，当时是我往这个箱子里装的东西。我们家出事了……如果我让他们进屋，他们就会把可怕的消息带进这个家……如果我不让他们进屋，一切都会保持原来的样子……他们拉门，想进屋，我拉门，不放他们进来……

“负了伤？”当时我还抱着一线希望，以为他仅仅是挂了彩。

第一个走进屋来的是军事委员："柳德米拉·约瑟夫娜，我们怀着万分悲痛的心情通知您，您的丈夫……"

我没有流泪，大叫起来。我看见了他的朋友，就向他奔去。

"托利克，你说我就信……你怎么不吱声？"

他把护送灵柩的准尉领到我面前："请你告诉她……"

那个人浑身在抖，也不开口。

有几位妇女走过来，吻我。

"镇静下来吧！请把你们亲属的电话号码告诉我们。"

我坐下来，一口气把自己已经忘记的所有地址和电话号码都说了出来，有几十个地址和电话号码。后来他们根据笔记本核对了一下，一个也没错。

我的住宅很小，只有一间屋子，他们把灵柩停放在部队的俱乐部里了。我一次又一次搂着棺材，放声大叫："为什么呀？我们对谁做过伤天害理的事？"

我清醒过来后，盯着这口棺材……"等着他们把你男人装在锌皮箱子里运回来吧。"……我又大叫："我不相信这里装的是我丈夫，请你们向我证实这里是他，这儿连个小窗口也没有。你们带回来的是什么？你们把谁给我送来了？"

他们把他的朋友叫来。

"托利克，"我说，"请你发誓，保证这里边是我丈夫。"

"我以自己女儿的名义发誓，里边是你丈夫……他是当场死的，一点儿痛苦也没有……我没法再跟你说别的了。"

丈夫的话灵验了："如果非得死，就不要经受痛苦。"

可是我们活在人间，我们在经受痛苦……

墙上挂着他的大照片。

"把爸爸给我摘下来……"女儿恳求道，"我要跟爸爸一起玩……"

她用玩具把照片围起来，跟他说话。

晚上，我安抚她睡觉。

"他们开枪打在爸爸什么地方了？为什么他们偏偏选中了爸爸？"

我把她领到幼儿园。傍晚接她回家时，她大吵大闹："爸爸不来接我，我绝不离开幼儿园。我爸爸在哪儿？"

我不知道该怎么回答，我不知道该怎么向她解释。我自己也才二十一岁呀……

今年夏天，我把她送到农村我母亲那里去了。她在农村也许会把爸爸忘掉……我已经无力天天哭泣了……我一见到夫妻两人带着孩子在一起走，我的心就在吼叫……你哪怕能再站起来待一分钟呢，看看你女儿长成什么样了！……这场不可理喻的战争对你来说已经结束了，对我来说却没有结束……对咱们的女儿来说，这会是最长的一场战争……我们走了以后，她还得活下去……咱们的孩子是最不幸的人，他们要为一切负责啊……你听见我的声音了吗？……

我这是在对谁大喊大叫啊？……

——一位妻子

我把自己的儿子交给了什么人

我曾经想过：生个儿子，给自己生个男子汉，我爱他，他长大后也会爱我……我和丈夫离了婚，他离开我，找了个年轻姑娘……我爱过他，大概因为如此，我没有再找别人……

我和母亲两个女人一起抚养一个儿子，他是个小娃娃时，我悄悄地起来，站在大门口悄悄地盯着他，看他和什么人在一起，看他的伙伴都是什么人。

"妈，"他回到家里对我说，"我已经是大人了，您还像放羊似的管着我。"

他长得娇小，像个女孩，白净，清秀。我怀了八个月就生了他，早产。我们这代人生不出健康的婴儿，我们是在战争中长大的，轰炸、射击、饥饿……儿子总是和小姑娘们在一起玩游戏，小姑娘们欢迎他，他不打架……他爱猫，给猫系蝴蝶结。

"妈，买只小仓鼠吧！仓鼠的毛又湿润又光亮，暖烘烘的。"

我们买了仓鼠，买了养鱼缸，买了小鱼。

我们来到市场："给我买只小活鸡……买只小沙鸡……"

现在我想：难道这样的孩子也会在那边开枪杀人？他是家里长大的孩子……他生下来不是为了去打仗……我们非常爱他，对他关怀备至……

我来到阿什哈巴德，到军训地的连队去看望他。

"安德留沙，我想和你们的首长谈一谈，你是我的独生子……这儿离边境太近……"

"不许你去，妈。别人该笑话我了，说我是娇生惯养的小少爷。他们已经说我'精巧、玲珑、剔透'了。"

"你在这儿怎么样？"

"我们中尉是个好人，他平等待人，可是大尉有时打人耳光。"

"这怎么能行！我和你姥姥从来没有打过你，连你小时候也没有打过你。"

"妈，这儿过的是男人的生活，我最好还是不跟您和姥姥讲任何事了……"

我的儿子长得太小了。在澡盆里给他洗澡，他像小鬼似的从水里爬出来，我用大毛巾把他裹住，紧紧地搂在怀里。那时我觉得，不论什么时候，不论什么人，都不能把他从我怀里抢走，我不会把他交给任何人。可是后来，他们从我怀里把他抢走了。

他念了八年书以后，我劝他考建筑学校。我以为他学了建筑专业，在部队里就不难立足了，等到他服完兵役之后，还可以再考大学。他想当个林业工人，他在树林里总是欢天喜地。他听声音就可以判断出是什么鸟在叫，他领着我看什么花长在什么地方。这一点，他酷似他的父亲。他父亲是西伯利亚人，热爱大自然，甚至热爱到不许别人铲除院里的草。让一切都生长吧！安德留沙喜欢林业工人的制服、制帽："妈，它们多像军装……"

现在我想：难道他在那边会开枪杀人？

他从阿什哈巴德经常给我和他的姥姥写信，有一封信我都背熟了，我拿着它读过不下一千次。

亲爱的妈妈，亲爱的姥姥，你们好！

我在部队已经服役三个月了，我的情况良好。到目前为止，凡是交给我的任务，我都能完成，领导对我没有提过意见。不久前，我们连到野外教学中心去了一趟。那个中心离阿什哈巴德八十公里，在群山之间。他们在那里过了两周，训练山地作战，学习掌握战术和使用步兵武器射击。我和另外三个人没有去，留在部队里。留下我们，是因为我们在家具厂已经工作了三个星期，帮忙修建车间。为此，工厂会给我们连队制作一批桌子。我们在家具厂干的是砌砖、抹灰的活儿，这些活都是我熟悉的。

妈，您问您的来信，我收到了，你们寄来的邮包和放在邮包里的十卢布也收到了。我们用这些钱在小吃部吃了好几顿，还买了一些糖果……

我安慰自己：既然他干的是抹灰和砌砖的活儿，那么就是把他当建筑工了。让他给他们建造私人别墅、私人车库吧，只要不派他到更远的地方去就行。

1981年出现了各种传言……说阿富汗是血流成河的战场，像屠宰场，这事只有很少人知道。我们在电视机里看到的，是苏联士兵与阿富汗士兵称兄道弟，我们的装甲输送车上撒满了鲜花，农民在亲吻分给他们的土地……

有一件事让我提心吊胆……我在去阿什哈巴德的路上，遇见了一位妇女……

我找到一家旅馆，那里的人先说："没有空床。"

"我在地板上过夜。我从很远的地方来，来看当兵的儿子……我就待在这儿，哪儿也不去了。"

"好吧，你到四个人合住的房间去吧！那儿已经住了一个母亲，也是来看儿子的。"

我从这位妇女这儿，第一次听说正在准备征集新兵去阿富汗。她带来很多钱，为了拯救自己的儿子。回去时，她心满意足，她和我告别时介绍了自己的经验："不要当天真的白痴……"

当我把这事告诉我妈时，她一下就哭了："为什么你没有给他们跪下？为什么不央求他们？你应当把自己的耳环摘下来送给他们……"

那不值几个钱的耳环，在我们家里可是最贵重的东西。我的耳环上没有镶宝石！我妈一辈子过的是清贫日子，所以她认为那耳环很值钱。天哪！把我们都变成什么人了？如果不派他，也会派别人去。那个人也有母亲啊……

我儿子被编入空降兵突击营，飞往阿富汗，这对他来说也是出乎意料的事。他有一种难以抑制的孩子般的自豪感，他无法掩饰这种心情。

我是个女人，完完全全是个平民百姓，有些事可能我不明白。请给我解释一下，为什么准备派他参战时，却说让他从事抹灰和砌砖的活儿？他们知道要把这些人派到什么地方去。报上刊出"圣战者"的照片：三四十岁的大男人，在自己的国土里……他们有家，有孩子……

请你们告诉我，一周前他离开普通部队，怎么一下子就会被编入空降兵突击营呢？连我这样的女人也知道什么是空降兵部队，那种部队需要的是体壮如牛的棒小伙子，这些小伙子要经过专门训练。

后来，军训教官回答我说："您的儿子，无论在军事训练还是政治修养方面，样样都优秀。"他什么时候成了优秀士兵？在什么地方成了优秀士兵？在家具厂？我把自己的儿子交给了什么人呀？托付给谁了？他们甚至没有把他训练成一个兵，就把他……

从阿富汗只寄回过一封信："你们放心好了，这边风景美丽，太平无事。花很多，大树也开花，鸟儿在啼鸣，鱼很多。"真是天堂而不是战场。他想让我们放心，否则我们又会为他四处奔波，以便把他从那里拖出来。他们是一些没有闻过火药味的男孩，几乎是娃娃。人家把他们往战火里扔，他们还以为那是给他们的荣誉。

这是我们对他们的教育的结果。

他在头一个月里就阵亡了……我的孩子……我的瘦小的宝贝儿子……他在那边，躺在地上，是什么样？我永远不会知道。

过了十天，他被运回来了。这十天，我在梦里总是丢东西，丢了又找不到。这几天，厨房里烧开水，响了又响。我烧水沏茶，水壶叫出各种声音来。我喜欢在室内栽盆花，我有很多花摆在窗台上、橱柜上、书架上。每天早晨我浇花时，总把花盆碰到地上。花盆从手里脱落，摔得粉碎，屋里总有生土的气味……

家门口停了几辆汽车，两部军用吉普和一辆急救车。我一下子就猜到了，这是来我们家的。我走到门口，打开了门：

"你们不用开口！什么也不用讲！我恨你们！只求你们把我儿子的遗体还给我……我要按我的方式来安葬他……我一个人……我不需要任何军人的礼仪……"

——一位母亲

只有完全绝望的人才能说出一切

　　只有绝望的人才能对您讲出所有事实，只有完全绝望的人才能对您讲出一切。除了我们以外，很多事都没人知道。真实太可怕了，不会有真实。谁也不想第一个冒尖，谁也不愿意冒这种险。

　　用棺材偷运毒品，偷运皮大衣，冒充被打死的人……谁会讲出这些事来？……谁会把用线串起来的干耳朵拿给您看？这是战利品……把这些干耳朵藏在火柴盒里……耳朵卷得像细小的叶子……不可能？不愿意听到光荣的苏联小伙子们会干出这些事来？看来是可以的，看来是干过这些事的。这也是真实的，谁也摆脱不掉，用廉价的银粉也涂抹不掉。你们还认为，为他们树了碑就会万事大吉……

　　我是个正常人，我去不是为了杀人。他们向我们灌输的是匪帮在杀人放火，我们可以成为英雄，大家会对我们所有人表示感谢。我清清楚楚地记得几张招贴画："军人们，让我们来加强祖国南方边界的防御！""我们不会让兵团丢脸！""繁荣吧，列宁的祖国！""光荣啊，苏联共产党！"我从那边归来……在那边时总有一个小镜子……在这儿是一面大镜子。我一看，我不认识自己了……不，是另外一个人在看我……新的眼睛，新的面孔……我弄不清哪儿发生了变化，可是连外貌也变成另外一个人了。

我正在捷克斯洛伐克服役，有传言说："你要到阿富汗去。"

"为什么是我？"

"因为你独身。"

我打点行装，如同准备出差。带什么东西？谁也不知道，那时我国还没有"阿富汗人"。有人建议我带上胶鞋，我在那边过了两年，这双胶鞋一次也没有穿过，最后把它留在喀布尔了。

从塔什干上飞机，坐在子弹箱上，在信丹德着陆。他们的警察端着我国伟大的卫国战争时期的自动步枪，还有我们的士兵和他们的士兵，都脏兮兮的，穿着褪了色的军衣，好像是从战壕里钻了出来。这儿与我在捷克斯洛伐克已经习惯的一切相比，有强烈的反差。

有人在护送伤员，有个伤员肚子里有弹片。"这个人活不久，路上就得咽气。"直升机驾驶员们在交谈，是他们把伤员从哨所运来的。他们谈论死亡时是那么心平气和，听得我茫然不知所措。

在那边，对待死亡的态度大概是最不可理解的事。话又说回来了，如果讲出全部事实，恐怕办不到……这儿认为不可想象的事，在那边却司空见惯。杀人是可怕又让人恶心的事，但过不了多久，你就会开始认为，虽然自己一个人面对面开枪杀人，这种事可怕而又令人恶心，可是和大家一起开枪杀人却令人情绪亢奋，有时甚至令人欢天喜地。

和平时期刀枪入库，每个枪架都上锁，武器室里装有声控装置。可是在这儿，随身携带武器已渐渐习惯了。晚上躺在床上，用手枪打碎电灯泡，只是因为懒得下床关灯。热得发昏时，就用自动步枪朝天上乱打……我们把驮运队包围起来，驮运队抗拒，就用机枪扫射……一道命令：把驮运队消灭掉！于是我们便动手消灭驮运队……到处是受伤骆驼的狂叫声……阿富汗人莫非要为此对我们感恩戴德，并授予我们各种勋章？！

战争就是战争，应当杀人。难道把作战武器发给我们，是为了让我们和同年级的弟兄们做军事游戏？难道是为了在那边修理拖拉机、播种机？我们遭到枪杀，我们也杀他们。能在什么地方杀人，就在什么地方杀人。但这不是我们从书本上、影片里了解到的那场战争，火线，中间地带，前沿……渠道战——当年是为了灌溉田地挖的地下水渠……白天，晚上，人们像幽灵似的从渠道里钻出来，手里拿着中国产的自动步枪，家里用来宰羊的刀子，甚至手里就只拿块石头。说不定，不久前你还和这个"幽灵"在商店里做过买卖，现在他却已经超出了你的同情界限。他刚刚把你的朋友打死，一堆肉代替了你的朋友。他的最后一句话是："你们不要写信告诉我妈，我恳求你们，什么也别让她知道……"

可是你，苏联人，对他们再也没有同情心了。你的大炮炸平了他们的村庄，他们几乎找不到自己的母亲、妻子和孩子的任何东西。现代武器扩大了我们的罪恶，我用刀子能杀死一两个人，用炸弹能炸死几十个人……然而我是军人，我的职业就是杀人……童话里怎么讲？我是阿拉丁神灯的奴仆……那么我呢？我就是国防部的奴仆。它命令我向哪儿射击，我就向哪儿射击。我的职业就是射击……

可是我到那边去，不是为了去杀人，我不想杀人。怎么会有这么一个结局呢？为什么阿富汗人没有把我们看成是我们应当是的那种人呢？孩子们光脚穿着胶鞋，站在冰天雪地里，我们的弟兄们把自己的口粮给了他们。我亲眼见过这个场面，一个衣衫褴褛的孩子跑到装甲输送车前，他和其他孩子一样，没有伸手要任何东西，他只是在张望。我兜里有二十阿币，我把钱都给了他。他一下子跪在沙地上，直到我们的装甲车开走。

我身边还发生了一件事：我们的哨兵从运水的孩子们身上搜走了钱。多少钱？几分钱。不，我甚至不愿意作为一名旅游者到那边去，永远不去。我已经对您说过，真实太可怕了，不会有真实，谁也不需要真实。在这儿的你们不需要，到那边的我们也不需要。那时你有那么多人，谁也不说一句话。等我们的孩子长大了，他们也会隐瞒我们到过那边的事实。

我也碰到过引以为傲者，他们说什么我是从阿富汗回来的，说什么我们在那边怎么怎么样，我在那边怎么怎么样……

"你在哪儿服役？"

"在喀布尔……"

"哪个部队？"

"我嘛，特别部队……"

在科雷马，在关押疯人的板棚里，他们叫嚷："我是斯大林。"而现在，正常的小伙子自称："我来自阿富汗。"还不止一个人，应当把这些人抓起来关进疯人院……

我独自回忆，喝完酒，坐半晌。我喜欢听阿富汗歌曲，但只有我一个人有过那样的事，有过那样的日子……虽然那样的日子被玷污了……你怎么也摆脱不掉它……

年轻人聚集在一起，他们都满腔怒火，因为这儿谁也不需要他们。他们寻找不到自己，再也找不到某种道德价值。有个人对我坦白地说："如果我知道自己不用承担什么后果，我就可能会杀人，随随便便杀他一个，没有任何原因。我不可怜他们。"是有过阿富汗这回事，可它已经成为过去了。你不能一辈子祈祷和认罪啊……我想结婚，我想有个儿子……

我们越是趁早住嘴，越是对大家有好处。谁需要这种真实？凡夫俗子需要？他们会向我们的心窝里吐痰："啊，这群败类，他们在那边杀人、抢劫，回到这里还享受优待。"弄来弄去，有罪的只有我们。我们所经受的一切，都成了无用之物。

为什么要发生这一切呢？为什么？

我在莫斯科车站时，去了一趟厕所。我一看，厕所是合营的，有个小伙子坐在门口收费。上边挂着一块牌子："七岁以下的儿童、残疾人和参加过伟大的卫国战争的人、国际主义军人免费。"

我愣住了："这是你自己想出来的主意？"

他自豪地说："是啊，是我自己想的。你出示证件，就可以进去。"

"我爸经历了所有的战争，我吃了两年外国的沙土，就是为了能够免费在你这儿撒泡尿？"

我在阿富汗时，对任何人都从来没有像对这个小伙子怀有这么大的仇恨……让他来替我们埋单……

——一位上尉班长

这里的人都不愿意谈起未来

我乘飞机回苏联休假，走进澡堂去洗澡，人们坐在长凳上舒服得直叫唤，我却觉得像是伤员们在呻吟。

回到家里，就想念在阿富汗的朋友们，可是在喀布尔时，过不了几天就想家。我是辛菲罗波尔人，毕业于音乐学校。生活幸福美满的人是不会到这边来的，凡是来到这边的女人，都是受过刺激的独身女人。我的工资每月一百二十卢布，靠这么几个钱怎么活呢？我平常想穿得好一些，休假能过得有意思一些。有人说，到这边来的都是为了找个未婚夫。喏，即便是为了找未婚夫，又怎样呢？何必躲躲闪闪？我已经三十二岁了，还独身。

到了这边以后，我才知道，最可怕的地雷是"意大利地雷"。人被这种地雷炸了以后，只能用提桶收尸……有个小伙子来找我，说起话来没完没了。我心想，他永远不会住口了，我开始害怕。这时，他说："请您原谅，我告辞了……"陌生的小伙子，他是因为见到了一个女人，所以就想讲话……他有一个朋友，在他的眼前变成了一堆碎肉……我估计，他还想接着往下讲。他又找谁讲去了？……

我们这儿有两个女宿舍：一个叫"猫屋"，那里住着在阿富汗待过两三年的妇女；另一个叫"野菊花"，那里住着新来的，目前都还是干干净净的女人。爱一个人，就贴在心上，不爱呢，就打发他去见鬼。星期六是男兵洗澡的日子，星期天是妇女洗澡的日子。军官浴池禁止妇女入内，妇女被视为脏人……同样是这些军官，只为了一件事找过我们……墙上挂着他们的孩子、妻子的照片，他们拿给我们看……

开始射击……火箭弹横飞，到处是呼啸声……心里好像有什么东西被扯断了……疼痛……两个士兵带着一条狗去执行任务，狗回来了，可是人没有……这里所有人都在作战。有人负了伤，有人患了病，有人心灵受到摧残：没有完整的人。

开始射击……我们跑到掩体里躲避……可是阿富汗儿童们高兴得在房顶上手舞足蹈。这儿不可能有完人……车上拖着我们的一个被打死的士兵，孩子们又是唱又是跳。我们把礼物送到村庄去……面粉、草垫、毛绒玩具、小熊、小兔子……可是他们在跳，在笑……在这儿没法成为完人。

回国后，人们通常问的第一个问题就是你出嫁了吗？你们有什么优待？我们唯一的优待（对于文职人员来说）是，如果被打死了，发给家属一千卢布。军人商店进了货，男人排在前边：你们算干什么的？我们需要给妻子采购礼物。可是天黑后，他们就央求进我们的屋……

在这里执行"国际主义义务"，同时发财致富，这是正常现象。在军人商店买了糖果、饼干、罐头，然后把这些东西卖给当地小店。有个价目表：

一瓶奶粉，五十阿币；
一顶军帽，四百阿币；

汽车后视镜，一千阿币；

卡玛斯载重汽车轮胎，一万八千到两万阿币；

马卡洛夫手枪，三万阿币；

AK-47 突击步枪，十万阿币；

从兵营里运出来的一卡车垃圾（取决于哪类垃圾，其中有没有铁皮盒，数量有多少），七百到两千阿币。

妇女当中，生活最优越的是跟准尉睡觉的人。关卡上的弟兄们都患有坏血症……他们吃的是烂白菜。

女孩们说，在没有腿的士兵的帐篷里，什么话都谈，只是不谈未来，这里的人都不愿意谈未来。生活幸福美满的人大概都害怕死掉……我可怜的是我妈……

猫在死人身边悄悄走动，寻食吃……它也怕，它以为那些躺在那里的小伙子都是活人……

求您别让我再说话了，否则我也会讲个没完没了！况且，我没有杀死过任何人呀……

——一位女文职人员

人身上能有多少人味

我有时在琢磨，假如我没有参加这场战争，将会是怎样呢？我会是个幸福的人。我对自己永远不会失望，我也不会知道那些我最好不要知道的、有关自己的事。正像查拉图斯特拉说的：不仅你在窥视深渊，深渊也在窥视你的灵魂……

我在无线电技术学院已经上了二年级，可是我的心向往音乐，爱读有关艺术的书。对于我来说，那是一个更容易亲近的世界。我两头奔波，就在这个当儿接到军委会通知。我是个意志薄弱的人，我不想干预自己的命运，即使干预了也会失败，听天由命吧，责任不在我……当然，我对参军一事准备不够。在那边我才明白，你就是奴隶，但不止你一个。而在那之前，我以为，我是一个独立的人。

首长没有当面直说，但一听就明白，要派我们去阿富汗。我没有干预我的命运……他们把我们排列在练兵场上，宣读了命令，说我们是国际主义军人……我们安安静静地接受了一切，你总不会说："我怕，我不想去！"我们是去执行国际主义义务，一切都安排得妥妥当当。在加德兹转运站就开始了……服役久的老兵把一切值钱的东西都要走了：皮靴、海魂衫、贝雷帽。每件东西都是钱呀：贝雷帽，十张兑换券；一盒军章，二十五张兑换券。空降兵军章每套应该是五个：近卫军章、空军优秀军人章、跳伞员章、级别章，还有军人运动员章，我们称为"跑章"。[1]

检阅时，穿的衬衫也给抢走了，他们用那些东西去和阿富汗人换麻醉剂。几个"爷爷兵"走了过来："你的行囊呢？"他们翻找了一遍，看中什么就拿走什么，然后放你走人。连里把大家的制服都给收了，给我们换上旧的。他们把我们叫到军需仓库里："你在这儿何必穿新军装？兄弟们准备回苏联了。"我往家写信，说蒙古的天气真美呀，吃得好，太阳亮。其实，这里已经是战场了……

第一次进村时，营长教我们如何对待当地居民："所有阿富汗人，不分年龄，都是'巴恰'，明白了吗？其余的，我会教给你们。"

我们在路上遇见一个老汉，一声令下："停车，大家瞧着！"

营长走到老汉面前，扯掉了他的缠头，在胡子上摸索了一阵："喏，走吧走吧，巴恰。"

这是意外的事。

在村子里，我们把装有大麦米的盒饭扔给孩子们。他们以为我们扔的是手榴弹，吓得撒腿就跑。

第一次出征——随同纵队作战，我很激动，兴趣盎然，战争就在身边进行！手持武器，腰挂手榴弹，这种形象过去只在招贴画上见过。接近了绿带区……我作为瞄准操纵手，对着瞄准镜，

---

[1] 获得"军人运动员章"需要不停地奔跑，因此士兵们将其戏称为"跑章"。

非常细心地观察……出现了一个缠头……

"谢廖沙，"我对坐在机关炮后的战友喊道，"我看见一个缠头，怎么办？"

"射击。"

"随随便便就射击？"

"你还要想一会儿？"开了一炮。

"我又看见了缠头……白色缠头……怎么办？"

"射击！"

用机关炮，用机枪射出弹药的一半基数。

"你在哪儿发现了白色缠头？那是雪堆。"

"谢廖沙，你的'雪堆'在奔跑……你的'雪堆'还有自动步枪……"

大家从装甲输送车上跳下来，用自动步枪射击。

把人打死，或者留活口，我们根本不考虑这类问题。总想吃东西，总想睡觉，总有一个愿望，一切快快结束。不再射击，徒步行走……坐在炽热的装甲车上……呼吸呛人的滚热的沙土……子弹在头上呼啸，可是我们照样睡觉……

把人打死，或者留活口，这是战后谈的话题。战争本身的心理学很简单，对于我们来说，阿富汗人不是人，而我们对他们来说同样如此。彼此不能把对方看成是人，看成是人，就下不了手。我们包围了"杜什曼"的村庄……围了一天一夜，两天两夜……天热，疲劳，我们如同野兽……我们变得比"绿人"（即阿富汗人民军）更心狠……他们在此地毕竟是自己人，他们在这样的村庄里土生土长……我们对此不加思考……他们的生活不像我们的生活，不为我们所理解……我们开枪、扔手榴弹，不费吹灰之力。

有一次，我们回到营地，七个弟兄挂了彩，两个被震伤。沿路的村庄都没有人影，有的进了山，有的躲在自己的土屋里。突然窜出一个阿富汗老婆子，她一边哭一边叫，挥着拳头冲向装甲输送车……她儿子被打死了，她在诅咒我们，她的举动只能唤起大家的一种感情，就是送她上西天。她叫唤什么？干吗挥舞拳头？吓唬谁呀？我们本来可以把她打死，可是没有。我们从大道上把她推开，推到一旁，开车扬长而去。我们带走了七具死尸……她叫唤什么？她想干什么？

我们什么也不知道，我们是兵，我们只知道打仗。我们过的是和阿富汗人相隔绝的士兵生活，不许他们进入部队驻地。我们知道他们在杀我们，可是大家都非常想活下去。我想，我可以挂彩，甚至想挂个轻彩，那时就可以躺上几天，睡个好觉，但谁也不想死。我们有两个士兵走进一家小店，把小铺的全家人都给打死了，把东西也给抢走了。开始调查此事时，他们先是否认：那不是我们干的。从死人身上取出的子弹是我们的，被拿给我们看，继续进行追查："是谁干的？"找出三个人来：一个军官，一个准尉和一个士兵。我记得在连里搜查抢来的钱财时，我们有一种受污辱的感觉：怎么能因为他们，因为几个被打死的阿富汗人，来搜查我们？他们都是些什么人啊？最后召开了军事审判大会，两个人被处决——准尉和士兵。大家都为他们感到惋惜，他们是因为胡来而丧了命，大家说那是"胡来"而不是"犯罪"。至于被打死的开小店的那一家人，似乎根本不存在。我们是在完成国际主义义务，一切都安排得妥妥当当……只是到了现在，旧框散了架，我才开始考虑这些事……其实，我每次读到屠格涅夫的《木木》时，都会含着眼泪！

人在战争中会发生某种变化，是他，又不是他。难道有人教过我们别杀人吗？参加过战争的人来到我们学校，来到我们学院，讲述他们怎样杀人，他们的礼服上都别着勋章。我一次也没有听说过在战场上不许杀人。我知道，只有和平时期杀人才受到法律制裁，他们是杀人犯。可是在战争时期，有另一种说法，说那是"在祖国母亲面前尽儿子的天职"，是"神圣的男子汉的事业"，是"保卫祖国"。他们向我们解释说，我们在重复伟大的卫国战争的士兵的业绩。我怎么能怀疑他们的话呢？他们反反复复地对我们讲：你们是最优秀的。既然我们是最优秀的，我何必还要自己去思考呢？我们做的一切都是正确的。后来，我想了很多。朋友说："你要么已经疯了，要么快发疯了。"而我（我是由我母亲，一位能干、彪悍的女性抚养长大的）从来不想干预自己的命运。

在训练基地，从事特殊任务的侦察兵们讲，他们闯入一个小村庄，砍杀了所有人。多么浪漫传奇的故事。我也想成为他们那样坚强的人，天不怕地不怕。我这个人大概有一些缺陷：喜欢音乐，爱看书，但也想冲进村庄，把所有人都割断喉咙，然后轻松愉快地硬充好汉，大吹牛皮。可是我也记得另外一件事……怎样感受到失魂落魄的恐惧……我们乘车行进，开始交火，车停下来，命令："占据防御位置！"大家从车上跳下来，我站了起来，有个战友占据了我原来的位置，手榴弹恰好投在他的身上……我觉得我直挺挺地从车上飞了出来，像在动画片里那样，缓缓地降落，可是别人的躯体一块一块地落得比我快……不知为什么我落得慢……这一切都印在我脑海里，这才是可怕……大概这样也可以把自己的死亡过程记录下来……真有趣……我摔在地上，我像墨鱼似的爬进水沟……我躺在沟里，举起受伤的胳膊……后来才知道我的伤很轻，不过我举着胳膊一直没动……

不，我成不了坚强的人……冲进土屋把人家的喉咙割断，这种事我做不到……一年以后，我进了军医院，因为营养不良……全排我是唯一的"年轻人"，十个"爷爷兵"和我一个"娃娃兵"……一昼夜只能睡三个小时，替所有人洗餐具，储备柴火，打扫驻地，担水……离小河有二十多米……早晨去打水，心里觉得不能去，前边有地雷，可是我怕又挨打……一觉醒来，一看没有水，洗不了脸，就去了，去了就踩在地雷上了……谢天谢地，我踩上的是信号雷，信号飞向天空，照亮了周围……我摔倒了，坐了一会儿，继续向前爬……能挑一桶水也好，否则连牙都没办法刷……"爷爷兵"不分青红皂白，只知道打人。

这是典型的军营生活。这一年当中，我从一个正常的小伙子变成营养不良的人，护士不帮忙，我连病房都走不出去，累得满头大汗。回到部队，又开始挨打。我被打伤了腿，不得不动手术。营长到军医院来看我，追问我："是谁打的？"

他们是夜里打的，但我同样知道是谁。可是不能说，说出来就成了告密者。这是不能违背的军营法则。

"你怎么不说话？说，是谁？我要把他送上军事法庭去受审……"

我不说话。士兵生活中，外力无法制服内力，正是内在的法则决定了我的命运。谁若想与它对立，必定遭到失败。我见过这种情况……我不干预自己的命运……服役期快结束时，我也想打人，没有打成……"爷爷兵"的作风不取决于人，而受群体的支配，先是别人打你，然后是你打别人。我对转业的人隐瞒了我打不了别人的事，倘若让他们知道，挨打的人和打人的人都会瞧不起我。

我回到家里，来到军委会，恰好这时有人把锌皮棺材运来……里面是我们的上尉，死亡通知书上写着："在执行国际主义任务中阵亡。"在那一分钟，我想起他每次喝得醉醺醺，在走廊里晃来晃去，拳打值日兵下颌的情景……每周他都用这种方法寻开心……你躲不掉，只好把打掉的牙吐出来……我在战争中明白了，人身上的人味并不多。没有食物的时候，人变得残酷无情；感觉不舒服时，也会变得残酷无情。那么，人身上能有多少人味呢？

我到公墓只去了一趟……墓碑上刻着"壮烈牺牲"，"表现出英勇与刚毅"，"完成军人天职"。当然也有英雄，如果对"英雄"两字作狭义的理解。比方说，在战斗时，用自己的身躯掩护了战友，把负伤的指挥官拖到安全的地方……但是我知道，我们中间有人被麻醉剂药死了，还有一个正往食品库里钻时被岗哨给打死了……我们都往食品库里钻过，能喝杯炼乳、吃口饼干，真是梦寐以求的。可是您不会把这些写出来，您一定会把这些事勾掉。谁也不会说出那些地下躺着的人身上，曾经有哪些真实的事情发生。活者授予勋章，死者编成传说，这样对大家都好。

这场战争就和此地的生活一样，完全不像我在书本中读到的。谢天谢地，好在我另有天地，它把那个世界给挡住了，那就是书的天地、音乐的天地，那个天地拯救了我。不是在那边，而是在这里，我开始弄清楚自己到过什么地方、发生过什么事。我总是一个人思考这些事，我不去"阿富汗人俱乐部"。我不能想象自己会到学校里去讲战争，讲怎样把我这个没有成人的人塑造成只想吃和睡的生物，而不是杀人犯。我瞧不起"阿富汗人"，他们的俱乐部像部队，全是部队的那一套，他们不喜欢全身挂着金属的歌手。他们说："走，弟兄们，咱们去揍他们一顿。"这正是我想摆脱，而不是与之同流合污的生活。我们的社会相当残酷，过去我没有注意到。

有一次，我们在军医院里偷了一大堆非那西丁。这种药是用来治疗精神失常的人的，每次服一两片，可是我们有的人一下子吞了十片，有人吞了二十片……到了半夜3点钟，有人到厨房去洗盘子洗碗，其实盘子和碗都干干净净，另外一些人阴沉沉地坐在那里玩牌，还有一些人在枕头上拉屎撒尿……荒唐透顶……女护士吓跑了，把哨兵叫来了……

这场战争就是这样留在我的记忆里，荒唐透顶……

——一位瞄准手士兵

184

您浑身都沾着我儿子的鲜血

我生了一对双胞胎，都是男孩，如今他们俩只剩下科里亚了。十八岁以前未成年时，直到收到参军通知那天，他还在妇女保健研究所学习。这样的士兵难道也应该被派到阿富汗去？女邻居责备我，她说得对："难道你就凑不上两千卢布去行贿？"有人行了贿，救了儿子一条命，于是他们就用我的儿子代替了那个人。我当时不懂应当用钱去救儿子，我只知道用心灵救他。

他在部队宣誓那天，我去看望他。我发现他有些心神不宁，对参加战争，他的思想准备还不够。我跟儿子一向开诚布公："科里亚，你的思想准备还不够，我要为你去求情。"

"妈，别求情，别低三下四的。您以为您说我的思想准备不够就能打动那些人的心？在这里谁管你这些？"

我还是争取到让营长接见我。我请求他："科里亚是我的独子，如果他出了事，我就活不下去……而且，他的思想准备不够，我看得出来，他的思想准备不够……"

他表示同情："您找一下当地的军委会。如果他们能给我寄来一份正式公函，我就派他回苏联服役。"

飞机夜间着陆，上午9点我就跑到军委会去了。军事委员是戈里亚切夫同志，他坐着，正与什么人通电话。我站着……

"您有什么事？"

我讲了。电话铃又响了，他又拿起话筒，同时对我说："什么公函我也不写。"

我恳求他，我下了跪，我恨不得亲吻他的手："他是我的独子。"

他坐在办公桌后边，甚至没有站起来。

我临走时还在央求他："请您记下我的姓名……"

我还抱着一线希望，或许他能审查一下我儿子的档案，考虑一下，会帮个忙……他又不是石头人。

过了四个月，他们那边办了三个月的速成训练班，儿子从阿富汗来了信。仅仅四个月，仅仅一个夏天。

早晨我去上班。下楼梯时，迎面走来三个军人和一个妇女。三个军人走在前边，每个人的左手托着军帽。我过去从什么地方得知，军人用左手托着军帽走路是表示哀悼的意思。于是我没有继续下楼，转身往楼上跑。他们大概明白了，我就是他们要找的母亲。他们也跟着上楼……我钻进电梯，立刻往下开……我要马上跑到街上去，赶快躲开……我要自救……什么话也不要听见……我下到一层，电梯停住了，有人上电梯，他们已经在门口等我了。我按了电钮再上楼……上到自己那一层……我冲进自己的房间，由于心慌，我忘记关门……我听见他们进了屋……我躲进寝室……他们跟着来了，左手托着军帽……

他们中间有一个人就是那个军事委员戈里亚切夫……当我还有力气时，我像猫似的扑向他，大声叫喊："您浑身都沾着我儿子的鲜血！您浑身都沾着我儿子的鲜血！"

他一声不响，我甚至想揍他。他一声不响。以后的事，我什么也不记得了……

过了一年，我才想见人。在这之前，我总是一个人，一个人，像个麻风女。我错怪了别人，老百姓没有责任，可是我当时认为他们都对我儿子的死负有责任。不论是食品店那位熟识的女售货员，还是那位素昧平生的出租车司机，还是那个军事委员戈里亚切夫，都负有责任。我那时想见的不是这些人，而是和我一样的人。我们在公墓里，在小小的坟墓旁成了朋友。到了傍晚，下班以后，这位母亲乘公共汽车匆匆忙忙赶到那里，那位母亲已经坐在自己儿子的墓前哭泣，第三位母亲正在给栏杆刷油漆。我们的话题只有一个：关于孩子……我们只谈他们，仿佛他们都是活人，那些谈话我甚至都能背诵下来：

"我来到阳台上，看见外面站着两名军官和一名医生。他们走进门洞，我扒着猫眼往外看，看他们去谁家。他们走到我们这一层，站住了。他们向左拐……去了邻居家？他们的儿子也在部队里……门铃响了……我开了门：'怎么，我儿子阵亡了？''大娘，请您坚强……'"

"他们开口就对我说：'大娘，棺材停在门洞里，给您放在什么地方？'当时我和丈夫准备去上班……平锅里煎着鸡蛋……水壶里的水也开了……"

"他们把他带走了，剃成秃子……过了五个月，送来一口棺材……"

"我儿子也是过了五个月……"

"我儿子过了九个月……"

"我向那位送来棺材的人问：'棺材里有人吗？''我看见怎样把他装进了棺材，他在里面。'我盯着他，盯着他，他低下了头：'那里有点什么东西……'"

"有气味吗？我们那口棺材有气味……"

"我们那口也有，还有些白色的小虫子从棺材上掉到地板上……"

"我那口棺材什么气味也没有，是新鲜的木料，潮湿的木板……"

"如果直升机着了火，就把他们一块一块地拼凑起来。找到一条胳膊，一条腿……根据手表，根据袜子辨认他们……"

"棺材在我们院里放了一个小时。我儿子两米高，是个空降兵。他们送来棺椁，一口木头棺材，还有一口锌皮棺材……抬着棺材在门洞里转不开身……七个大男人很吃力地把它抬了起来……"

"我儿子被他们运了十八天……飞机里装的全是'黑色郁金香'。先运到乌拉尔，然后运到列宁格勒，再运到明斯克……"

"他的东西一件也没送回来，哪怕是个小东西留作纪念呢……他过去抽烟，留下个打火机也好呀……"

"好在不开棺，让我们看不见他们把我儿子弄成了什么样了……他在我眼前永远是活的，完整无缺的……"

我们还能活多久？心里装着这种悲痛活不长。受了多少委屈呀！

区执委会答应说："给您一套新住宅，您在咱们区里任意选一套。"

我在市中心挑选了一套，不是组合板壁而是砖房，是新结构，我说了地址。

"怎么，你疯了？那是党中央的住宅。"

"难道我儿子的血就不值钱？"

我们学院的党委书记诚实，是个好人。我不知道他是怎么去找了党中央，他去替我求情。他回来只对我说了一句："您若听见他们对我说了些什么话就好了。他们说，她悲痛欲绝，你算老几？管什么闲事？差一点把我开除出党。"

我应当自己去，那时他们会怎么回答我呢？

我今天要到坟上去……我的宝贝儿子在那里……那里都是自己人……

——一位母亲

死亡就是这样

我的记忆出了毛病……在学院里读到二年级时就想退学……不知为什么，有些人的面孔，有些人的语言离我而去，消逝了……个人的感受……只记得一些片断，只留下一些碎片……那些已经发生的事，好像没有发生过……

我还记得军人誓言中这样的话：

"……我时刻准备遵循苏联政府的命令，保卫我的祖国——苏维埃社会主义共和国联盟，作为苏联武装力量的一名战士，我宣誓英勇地、机智地、庄严地、荣誉地保卫它，不惜献出自己的鲜血与生命，以取得对敌人斗争的全面胜利……"

到达阿富汗的头几天……

我觉得那个地方像天堂，我看到了橘子是怎么生长的，至于把地雷像橘子似的挂在树上，是我后来才知道的（天线钩住树枝，地雷就会爆炸）。刮起了"阿富汗人"①大风，离你只有一胳膊远，都是烟雾弥漫，一片黑暗，你成了瞎子，什么也看不见。因为"阿富汗人"大风，送来的粥锅里一半是沙子。几个小时后，太阳出来了，左右都是山，什么战争也没有。时而可以

---

① "阿富汗人"：是对盛行于中亚地区的暴风的称呼，性质干燥、炎热，夹杂着沙尘。

听见一阵机枪声或者掷弹筒射击声，还有神枪手勾扳机声，两个人没了。我们站了一会儿，打了几枪，继续前进。太阳，山，什么战争也没有，两个人没了。蛇钻进沙土时闪了一下，像鱼在闪光……

甚至当子弹在身边呼啸时，你还想象不出什么是死亡。沙地上躺着一个人，你呼唤他……你还没有明白过来……心中有个声音在提示你："这就是它——死亡……死亡就是这个样子……"

我的腿中了弹，当时我觉得不太厉害，心想："我大概挂了彩。"我平平静静地怀着惊奇的心这么想。脚疼，可是还不相信这事已在我身上发生了。我是个新手，我还想开枪射击，我想作为英雄返回故里。有人用刀子割开了皮靴筒，我的静脉被打断了，给我缠上了止血带。疼，可是我不能露出疼的样子，那样就显不出男子汉的气概，所以我咬牙忍着。要从一辆坦克奔向另一辆坦克，需要穿过一片没有掩护的地带，大约有一百米远。在那儿，子弹横飞，石头被打得粉碎，可是我不能说我跑不过去或爬不过去。那样做，我作为一个男子汉，就连自己也不尊重自己了。我在胸前画过十字，便冲了上去……脚在流血，处处是血，战斗又持续了一个多小时。

我们是凌晨 4 点出发的，战斗到了下午 4 点才结束，这段时间里我们没有吃一点东西。我的两只手鲜血淋漓，用这双手拿起白面包就吃，不会感到别扭。后来有人告诉我，我的朋友在军医院里去世了，他的头部中了弹。我读过很多书，我想象着，既然他已经阵亡，那么几天以后晚上点名时，有人可能会替他回答：

"伊戈尔·达什科在执行国际主义义务时阵亡。"他是个不声不响的人，不是苏联英雄称号的获得者。但即便如此，也不应该马上把他遗忘，把他除名……

我刚才谈到了谁？谈到伊戈尔·达什科……他躺在棺材里，我看着他，已经没有怜悯之情了……我看了很久，细细观察，为的是将来能把他记起来……

谈一谈我回家以后的几件事……

我回到了塔什干，我们来到火车站，没有火车票。晚上我们和两位列车员谈妥，每人给他们五十卢布，于是我们就上了火车。我们一共四个人，两位列车员每人得到一百卢布。弟兄们都会赚钱了，我们唾弃这一切。我们无缘无故地傻笑，可是心里却在想："活着，活着！"

回家推开大门，提起水桶，穿过院子去打水。我真是个幸福的人！

在学院里举行仪式，被授予了战斗奖章。后来报纸上刊出一篇文章——《为我们的英雄们颁奖》。我感到可笑，仿佛是红色探寻者①在寻找我，仿佛战争已经过去了四十年。我没有说过我们到那边去是为了"在阿富汗土地上燃起四月革命的红霞"，可是他们却写出了这样的话……

参军前，我喜欢打猎。我有过一个理想：服完兵役到西伯利亚去，在那儿当个猎人，可是现在我内心起了变化。我和一个

---

①"红色探寻者"指少先队员或共青团员志愿者，他们广泛搜集材料，提供给革命博物馆、军事博物馆或劳动荣誉纪念馆。

朋友去打猎，他打中了一只野雁，后来我们又看见了一只受伤的雁。我追了上去……他还在射击……我追上去是为了抓活的，我不想把它打死，我再也不想杀生了……

　　记忆出了毛病……只记得一些片断，只留有一些碎片……那些发生在我身上的事，好像是从未发生过……

——一个坦克兵

我要活着

看我的外表，谁也想不到我内心是什么样，只有父母不让我总去回忆那些摆脱不掉的往事……

我带着自己的狗"恰拉"去了阿富汗。只要你喊一声"装死"，恰拉就倒在地上；喊"闭上眼睛"，它就用两只爪子捂住嘴脸和眼睛。当我情绪不佳的时候，当我痛苦难熬的时候，恰拉就会依偎在我身边流泪……我到了那边以后，头几天高兴得一句话也说不出来。我从小就有病，部队不要我。这怎么能行？堂堂小伙子，却没有在部队里服过役？丢人，遭人嘲笑。部队是生活的学校，能把你培养成男子汉。我参了军，一次又一次打报告，请求派我去阿富汗。

"你到了那边，过不了两天就得送掉小命。"别人劝阻我。

"不，我要到那边去。"我想证明，我和大家是一样的人。

我瞒着双亲，没有告诉他们我在哪里服役。我十二岁就患了淋巴炎，这种病平时能帮我的忙。

我只把军用信箱号码告诉了双亲，说我所在的是保密部队，不能说出城市的名称。

我带着狗和吉他来了，到了特别科，他们问我："你怎么来的？"

“就这么来的……”我告诉他们我打过多少次报告。

“你自己不可能做到这一点。怎么，你是个疯子？”

我从来不吸烟，这时想吸烟。

我见到了第一批被打死的人：大腿从腹股沟处被炸掉，脑袋上有一个窟窿。我走开了，昏了过去。我心里每个地方都在号叫：“我要活着！”

半夜里，有人把阵亡者的自动步枪给偷走了。偷枪的人被查出来了，是我们自己的士兵。他把自动步枪卖给了阿富汗商店，得了八万阿币。他用这笔钱买的东西，也让大家看了：两台录音机，几条女牛仔裤。如果没有人看管他，我们会亲手把他打死，把他千刀万剐。他被审判时，坐着，一声不响。他哭了。报纸上写的尽是“建立功勋”，我们看到这种报道，既气愤又觉得可笑，我们带着这种报纸进厕所。可是令人不能理解的是，回到家后过了两年，我读报时，会寻找有关“建立功勋”的报道，我相信这些报道。

在那边时，我以为回家就是快乐。我会改变自己的一生，我会重建生活。很多人回国了，离婚，再婚，迁往外地。有的人去了西伯利亚，参加石油管道的修建，有的人去了切尔诺贝利，有人当了消防队员。总之，哪里需要冒险，我们就到哪里去，混日子已不能代替生活了。我在那边见过烧伤了的小伙子们……一开始他们焦黄焦黄的，只有眼睛闪闪发光，他们的肉皮剥落，露出粉红色的肌肤……

还有登山呢！情况是这样的：自动步枪要带在身上，这无须赘言，还有加倍的弹药——大约有十公斤的子弹，手榴弹也有几公斤，每人再加上一个地雷，这又是十公斤，还有装甲坎肩、干口粮……总之，全身上下左右，最少挂了四十公斤东西。我亲眼看着一个人被汗水淋湿，好像是被瓢泼大雨浇过一般。

我见过留在死人脸上的橘黄色的肉皮。是的，不知为什么是橘黄色的。我见过友情，也见过胆怯……至于我们的所作所为，是非干不可的事。请您永远不要触及这个问题，事后的聪明者大有人在。为什么我们在那边时，没有一个人退还自己的党证，没有一个人把子弹射进自己的脑袋？不，这种牺牲不是毫无意义的。

我回家了，我妈像照顾孩子似的脱了我的衣服，浑身摸了一遍："完整无缺，我的宝贝儿子。"表面上我是完整无缺，可是心里在冒火。我看什么都不顺眼：明亮的太阳——不顺眼；愉快的歌曲——不顺耳；有人在欢笑——不顺心。我的房间里仍然摆着原来的那些书，原来的那些照片，原来的那台录音机，原来的那把吉他，可我已不是原来的那个人了……

我不能穿行于公园，总要回头窥望。在咖啡馆里，招待员站在我的背后："请您点菜。"我几乎跳起来，几乎拔腿跑开，有人站在我的背后——我受不了。

见到败类，我只有一个念头："应当把他毙了。"在战场上干的事，正好与和平时期教会我们的完全相反。在和平生活中，必须把战争中掌握的习惯全部忘掉。我射击优秀、掷弹准确，现在谁需要这些？

我们在那边时，觉得有需要保卫的东西。我在保卫我们的祖国，我在保卫我们的生活。可是在这儿，一个朋友甚至不能借三卢布给你，说什么妻子不答应。难道这也算是朋友？

我明白了，我们不为人们所需要，不需要我们所经历过的一切。那是多余的东西，不方便的东西。我们也是多余的人，用起来不方便的人。我当过修理汽车的钳工，在共青团区团委当过指导员。

我不干了，到处都像是生活的泥潭。人人忙着赚钱，买别墅、汽车、熏肠，没人过问我们。如果我们不保卫自己的权利，那就是一场谁也不知道的战争。如果我们的人数不是那么众多，不是有几十万，那么就会堵住我们的嘴，如同当年不提越南，不提埃及……我们在那边时，大家都恨"杜赫"。我现在需要朋友，我该恨谁呢？

我到军委会去，申请回阿富汗。他们不接受，说"战争即将结束"，像我这样的人都会回来。到那时，我们的人就更多了。

早晨醒来，我记不得昨夜的梦，这让人高兴。我不对任何人讲我做的梦，可是我讲不出来的，我不想讲的事，仍然存在……

我仿佛在睡觉，梦见人的海洋，大家聚集在我们家附近。我四处观望，感到拥挤，但不知为什么，我站不起来。这时我恍然大悟，我是躺在棺材里，木板棺材，这事我记得很清楚。可我是活人，我记得我是活人，不过我却躺在棺材里。大门打开了，大家涌向大路，把我也抬到大路上去了。人一群又一群，每个人的脸上都流露出悲伤的样子，神情里还有一种我不明白的神秘的惊喜。

发生了什么事？为什么我在棺材里？行进的队伍突然站住，

我听到有人说："把锤子递给我。"这时我明白了：我是在做梦。又有人重复了一句："把锤子递给我。"既像是真事，又像是做梦。有人第三次说："请把锤子递给我。"我听见棺盖砰的一声盖上了，锤子叮叮当当地敲了起来。有一颗钉子钉到我的手指上，我用头，用腿撞棺盖，棺盖一下子掀开了，掉在地上。人们在观望，我坐了起来，直起腰半坐着。我想喊我疼，你们为什么要用钉子把我钉起来，我在里面喘不过气。他们在哭，可是对我一句话也不说，所有人都像是哑巴。我不知道应该怎么跟他们说话，才能让他们听得见。我觉得我在喊，可是嘴唇紧闭着，怎么也张不开。于是，我又躺进棺材里去了。我躺在里面想：他们希望我死去，我也许真的已经死了，所以应当默默无语。有人又在说："把锤子递给我……"

——一位通信兵

第三天

"不要去求招魂者，也不要去找神仙……"

作者的话

作者："起初，上帝创造天地……

"上帝称光为'昼'，称暗为'夜'。有晚上，有早晨，这是头一日。

"上帝说：诸水之间要有空气，将水分为上下……

"上帝称空气为'天'。有晚上，有早晨，是第二日。

"上帝说：天上的水要聚在一处，使旱地露出来。事就这样成了……

"于是陆地上长出了青草，长出了结种子的菜蔬，各从其类；长出了结果子的树木，各从其类；果子都包着核。

"有晚上，有早晨，是第三日。"

我在《圣经》中寻找什么？问题还是答案？哪些问题和哪些答案？人身上有多少人性？有的人相信很多，另外一些人坚信很少。究竟是多少？

我的重要主人公，他可以助我一臂之力。从清晨开始，我就等他来电话，但电话默默无声，一直等到傍晚……

重要主人公：过去所有的事都愚蠢透顶，是吧？莫非情况就是如此？您可知道，这事对于我，对于我们意味着什么？我到那边去时，是个正常的苏联小伙子。祖国不会出卖我们，祖国不会欺骗我们……无法禁止丧失理智的人干丧失理智的事……有些人说我们是从炼狱中走出来的，另外一些人说我们是从污水坑里爬出来的……让你们家里都得瘟疫吧！我想活着！我想去爱！我的儿子就要出生了……我给他起的名叫阿廖什卡，这是一位阵亡的朋友的名字。如果生了女儿，我还是会叫她阿廖什卡……

愚蠢透顶，是吧？可是我们没有变成胆小鬼。我们没有欺骗您吧？我再也不会给您打电话了……一个人的眼睛如果长在后脑勺上，他就不能往前走。我把一切都忘了……忘了……忘了……无法禁止丧失理智的人干丧失理智的事……不，我不会开枪自杀……我会有个儿子叫阿廖什卡。我想活着！就讲这些吧，别了！

作者：他放下了话筒。可是我还在跟他久久地交谈，我在倾听……

请在坟头上挂块牌子

现在，很多人都说，当年是多此一举。他们想让我们也接受这种看法。请在坟头上挂块牌子，请在石碑上刻几个字，说一切都是多此一举！

我们还在那边玩命时，这里已经开始对我们进行审判了。飞机把伤员们送回苏联，让他们在偏远的机场降落，生怕老百姓发现。你们说，这已经是昨天的事了。这个"昨天"才刚刚过去不久呀！1986年我回来休假，有人问我："你们在那边晒太阳，钓鱼，赚大钱吧？"老百姓从何处才能知道真相呢？报纸上只字不提……

那边的空气甚至都是别样的，我经常梦见那种空气……如今报纸上说我们是占领军。如果我们是占领军，那么我们何必供给他们吃的，何必把药品分给他们用？我们进村时他们高兴，我们离村时他们也高兴……我始终没有弄明白，他们为什么总是高兴……

一辆大客车开了过来……我们让车停住检查！砰的一声，手枪响了……我的战士扑倒在沙地上……我们把他的身子翻了过来，子弹击中心脏……我恨不得用火箭筒把他们全部消灭……搜查了一阵，没有发现手枪，也没有发现任何其他武器……一筐筐水果，准备出售的铜壶……车里全是妇女，可是我的战士扑倒在沙地上了……

请在坟头上挂块牌子，请在石碑上刻几个字，说这一切都是多此一举！

我们像往常一样在行军……走了几分钟，我突然丧失了说话能力……我想喊一声"停步"，却喊不出来。我继续往前走……火光一闪！……我一时丧失了知觉，后来我发现自己躺在炮弹坑里……我爬……没有痛的感觉……我再也没有力量爬行了，大家都爬到我的前头去了……大家爬了四百来米，后来有人第一个开了口："坐一会儿吧！已经没有危险了。"我想和大家一样坐起来……这时我才发现，自己没有双腿了……我嗖的一下把自动步枪端了起来，想了此一生！有人把自动步枪从我手中夺走……有人说："少校没有腿了，我可怜的少校……"我一听"可怜"二字，就浑身疼痛，疼得要命，以至于号叫不止……

从此，我只习惯来往于人行道和沥青路上。我不会踏着羊肠小径去树林，目前我还不敢在草地上行走。春天，我家门口是一片温柔的嫩草，可我一看见就害怕。

军医院里，没有双腿的人要求住在一个病房……我们一共四个人，每张床旁边有一双木腿，一共八条腿……2月23日是苏联建军节，女教师带着几个小学生，捧着鲜花来慰问我们……他们站在那里哭泣……整整两天，病房里的人谁也不想吃东西，谁也不想说话……

有位小亲戚，来看我们中间的一位，他请大家吃蛋糕："弟兄们，一切都是多此一举呀，多此一举！不过没有关系，会发给你们抚恤金，你们可以整天看电视。"

"滚！"四根拐杖向他飞去。

后来，在厕所里，我们中间的一个想上吊，被人们从带子上松下来……他是用床单勒住脖子，想挂在窗户把手上吊死……他收到一位小姑娘的信："你知道吗，'阿富汗人'已经不走运了……"可是他没有了两条腿……

请在坟头上挂块牌子，请在石碑上刻几个字，说一切都是多此一举！

——一位山区步兵连少校连长

为什么我只能想起可怕的事

我是带着这么一种感觉回国的，我会长时间对着镜子梳头。我想生个孩子，我想洗尿布，听婴儿啼哭。可医生们不允许，说："您的心脏病不能承受。"我艰难地生下了女儿。我做了剖腹产，因为心脏病开始发作了。一位女友来信说："谁也不会理解，我们是在阿富汗种下这种病根的。他们反而会说，那又不是受伤挂彩……"

大概谁也不会相信，1982年，军委会竟把我这个在大学语言系读三年级课程的函授生找去谈话："阿富汗需要女护士，您对此事有何看法？您可以得到一倍半的工资，外加兑换券。"

"可是我在读书呀！"

医校毕业后，我当过护士，但是我梦想着当教员。有的人一下子就能够找到合适的工作，可是我第一次找错了。

"您是共青团员吗？"

"是。"

"请您再考虑考虑。"

"我想读书。"

"我们劝您再考虑考虑，否则，我们会给大学打电话，告诉他们您是怎样的一位共青团员。祖国现在需要……"

从塔什干飞往喀布尔的飞机上，我身旁坐着一位休假后又回去的姑娘："你随身带熨斗了吗？没有？电炉呢？"

"我是上战场。"

"啊，明白了，又一位天真烂漫的傻姑娘。你看的战争小说太多了……"

"我不爱看战争小说。"

"那你去干什么？"

整整两年里，"干什么"这可恶的三个字一直追随着我。

"的确，干什么？"

所谓转运站，只不过是长长的一排帐篷。"食堂"设在帐篷里，提供的是国内稀缺的荞麦和维生素 C。

"你是个漂亮姑娘，你到这儿来干什么？"一位上了年纪的军官问道。

我哭了。

"有人欺负你？"

"是您欺负了我。"

"我？"

"您已经是今天第五个问我到这里来干什么的人了……"

从喀布尔到昆都士乘的是飞机，从昆都士到法扎巴德乘的是直升机。不论我跟什么人提法扎巴德，对方都会说："你怎么啦？那儿在打仗，在杀人，总之一句话，到了那儿就拜拜了！"

我从高空观看阿富汗，这是一个土地辽阔、风景美丽的国家，山峦和我国的一样，河流和我国的一样（我到过高加索），旷野也和我国的一样。我爱上了这个国家！

我在法扎巴德当了手术台护士。我管的范围就是小帐篷里的"手术室"，卫生营全体人员都分住在帐篷里。大家开玩笑说："脚一下了折叠床，人就上了班。"第一次手术抢救一位锁骨下动脉负伤的阿富汗老大娘。止血钳子呢？止血钳子不够用，用手指捏住。取伤口敷料，拿来一卷绷带，又拿来一卷，一下子碎成了粉末。看来这些东西还是1945年那场战争后仓库里剩下的陈货。

不过，我们还是把那位阿富汗老大娘救活了。晚上，我和外科医生到病房去查房，我们想了解一下老大娘的感觉如何。她躺在床上，睁着眼睛，一见到我们，嘴唇就开始颤动。我以为她有话要说，其实她想唾我们一口……当时我不理解他们有什么仇恨我们的理由。我呆呆地站在那里，我们救她的命，可是她却……

伤员们是用直升机运来的。一听到直升机的隆隆声，我们就赶紧跑过去。

温度表上的水银柱停在四十摄氏度上，手术室里热得喘不过气来。外科医生们站在暴露的伤口前，勉强来得及用餐巾纸给他们擦汗。没穿隔离服的医务人员把滴管穿过面罩，让他们喝水。代血浆不够用，叫来一位士兵，他当即躺在手术台上献血。两位外科医生，两张手术台，只有我一个台上护士给内科医生当助手。他们对消毒一窍不通，我在两张手术台之间忙来忙去。一个台上的电灯突然灭了，有人用消过毒的手套把它拧了下来。

"出去！"

"你怎么啦？"

"出去！"

台上躺着一个人……他的胸廓暴露着。

"出去！"

我们在手术台前一站就是一昼夜，有时两昼夜。一会儿从火线上运来伤员，一会儿突然发生自残，有人往自己的膝盖上开了一枪，或者弄伤自己的手指。到处都是血……药棉不够用了……

大家瞧不起自残的人，连我们医务人员也骂他们。我骂道："兄弟们在流血牺牲，可你想去找你妈？把膝盖打伤了，把手指割破了，以为就会把你送回苏联？为什么不朝太阳穴开枪呢？如果我是你的话，就朝太阳穴开一枪。"

我发誓，当时我就是这么说的！那时，我觉得他们是一群卑鄙可恶的胆小鬼，现在我才明白，他们这么做或许是表示一种反抗，或许是不想杀人，但这些事，我到现在才开始明白。

1984 年，我回国了。一位相识的小伙子犹犹豫豫地问我："你怎么想的？我们应当到那边去吗？"

我很气愤："如果我们不去，美国人就会去。我们是国际主义者。"

我这么说，好像能说明什么似的。

我们在那边很少考虑这些事，真令人惊讶，我们闭着眼睛在那边生活。我们见过我们的弟兄们疼得抽搐，火把他烧得遍体鳞伤。看见这些惨相，我们就学会了仇恨，但没有学会思考。乘直升机飞到天上，下边是连绵的山峦，开满了红色的罂粟花，或者其他我没有见过的野花，可是我已经不能欣赏这种美景了。我那时更喜欢五月，晒枯万物的五月，那时我怀着得意的复仇心理望着那枯干荒芜的大地，你们活该如此。我们因为你们，才来此地送命、受难。我们恨死你们了！

枪伤，炸伤……一架又一架直升机着陆，一副又一副担架把伤员送来，他们身上盖着床单……

"受伤了还是打死了？"

"不，没受伤……"

"那怎么了？"我掀开床单的一边。

那上面躺着一个人，像一副骨架，瘦得皮包骨头，他是从很远的地方运送过来的。

"他怎么了？"

"把有苍蝇的茶给人喝。"

"给谁？"

"他给'爷爷兵'上茶，一只苍蝇落到了里面。被揍了两个星期，不让进厨房……"

我的老天爷！这就是发生在血流成河的地方的事……这就是发生在异国他乡的沙土地上的事……

在昆都斯，两位"爷爷兵"逼迫一个"新兵蛋子"在深夜挖坑……他挖好后，他们命令：站到坑里……他就站到坑里……他们就往里填土，直到没过他的脖子……他扭动着脑袋……他们折磨了他一个晚上……早晨，他被挖出来后，开枪打死了那两个家伙……后来全军都宣读了上级关于这次事件的处理命令……

我一边讲给您听，一边在想：讲的都是这么可怕的事，为什么我只能想起可怕的事呢？不是也有过友谊，有过互救互助，有过英雄行为吗？也许是那位阿富汗老大娘坏了我的事，我们救她的命，可是她却想唾我们……不过，我的话还没有讲完……老大娘是从一个村庄被抬到我们这儿来的，我们的特殊使命部队曾经经过她们的村庄……除了她一个人以外，一个活人也没有留下……如果再往前说，那么这个村庄有人开枪击落了我们两架直升机……他们用木杈把几个烧伤的飞行员给活活捅死了……如果再往前追，再……我们当时没有考虑：谁先动的手，谁后动的手？我们只心疼我们自己的人……

我们这儿派了一位医生到火线上去。第一次回来时，他哭了："一辈子都教我救死扶伤，可是今天我杀了人……我为什么要杀他们呢？"

过了一个月，他心平气和地分析了自己的感情："开枪的时候，你就会进入狂热状态：喏，你行的！"

晚上，耗子从帐篷顶上掉到我们的身上，我们用纱布把床围了起来……苍蝇的个头有茶勺那么大。我们已经习惯于和苍蝇相处了，没有别的动物比人的要求更低了，没有！

姑娘们把一些蝎子晒干了，留作纪念。又肥又大的蝎子，钉在大头针上，或者挂在线上，如同坠饰。我当时从事的是"纺织业"，从飞行员那儿要来降落伞的吊绳，从里面抽出线来，然后进行消毒，以后我们就用这些线缝伤口。休假归来时，我带了一箱子针头、钳子、伤口敷料。有人说我是疯女人！因为我带来了熨斗，免得冬天靠自己的体温来烘干潮湿的罩衣，我还带了电炉。

每天夜里，帐篷里的人都在卷棉球、洗涤和烘干纱布巾，大家像一家人。我们当时已经预感到，等我们回国时，我们便会成为被遗弃的一代，成为多余的人。比方说，我们如何回答这样一个问题：“为什么要派那么多妇女去参加这场战争？”

当此地来了一些妇女——清洁工、图书管理员、旅馆负责人时，最初我们觉得莫名其妙：只有两三个仓室，何必专门用一个清洁女工呢？只有二十几本翻破了的书，何必专门用一个女管理员呢？何必呢？您说呢？……我们都有意避开这些妇女，虽然她们没有干任何对不起我们的事。

我在那边还爱过一个人……我有一个情人，他现在还活着……我干了对不起丈夫的事，我骗他，说我爱的那个人已经被打死了……

"你见过活的'杜赫'吗？"家里有人问我，"他一定长着一副强盗的嘴脸，用牙咬着匕首？"

"我见过，一个漂亮的小伙子，毕业于莫斯科工业学院。"

我弟弟觉得，他们的样子应当介乎国内战争时期的巴斯马奇和列夫·托尔斯泰小说《哈泽·穆拉特》中的山民之间。

"为什么你一工作就是连着两三个昼夜？干完八小时，就可以去休息嘛。"

"怎么，你不明白？"

他们不明白。可是我知道，我在任何地方，也不会像在那边那样为别人所需要。你们不明白，我在雨后看到了多么美丽的彩虹：高高的彩带布满了整个天空，我从来都没见到这样的彩虹，也不会再看到了……布满整个天空……

——一位女护士

我梦见的是棺材

　　我真有福气，生了两个儿子，两个可爱的儿子。他们一天天长大，一个大，一个小。哥哥叫萨沙，准备参军，弟弟尤拉已升入六年级。

　　"萨沙，派你到哪儿去？"

　　"祖国命令我去哪儿，我就到哪儿去。"

　　我对小儿子说："尤拉，瞧，你哥哥多有出息！"

　　来了一封军人信笺。尤拉拿着信跑来找我："是不是派萨沙哥哥去打仗？"

　　"儿子，打仗就是杀人。"

　　"妈妈，您不懂。他会佩戴着'英勇'奖章回来。"

　　傍晚，他和小朋友们在院子里玩和"杜赫"作战的游戏："嗒——嗒……嗒——嗒……嗒——嗒……"

　　小儿子回家问我："妈妈，我十八岁以前，战争能结束吗？"

　　"我希望更早些结束。"

　　"萨沙哥哥真走运，他会成为英雄。您先生我，完了再生他，那该多好。"

　　有人把萨沙的小皮箱送了回来，箱子里有蓝色的游泳裤、牙刷、一块用过的肥皂和肥皂盒，还有一份识别物件证明书。

"您的儿子是在军医院去世的。"

儿子的话在我脑袋里回响，像播放唱片似的，转了一圈又一圈："祖国派我到哪儿去，我就到哪儿去……祖国派我到哪儿去，我就到哪儿去……"

他们把箱子抬了进来，又搬了出去，好像其中什么也没有。

儿子们小的时候，我叫一声："萨沙！"哥儿俩都跑过来，我叫一声："尤拉！"哥儿俩也都跑过来。这次我叫："萨沙！"箱子不会说话。

"尤拉，你到哪儿去了？"

"妈妈，当您喊叫的时候，我就想跑到天边上去。"

他从公墓里跑开了，别人费了九牛二虎之力才把他找到。

有人送来了表彰萨沙的纪念物：三枚勋章和一枚"英勇"奖章。

"尤拉，你瞧，这是勋章！"

"妈妈，我看见勋章了，可是萨沙哥哥却看不见……"

大儿子已经离去三年了，我一次也没有梦见过他。我把他小时候穿过的小裤子、小背心放在枕头下边："乖儿子，你到我的梦里来吧！咱们见见面！"

他不来。难道我有什么事对不起他？

从我家的窗户可以望见学校和校园，尤拉和同学们在做与"杜赫"作战的游戏。我只能听到："嗒——嗒……嗒——嗒……嗒——嗒……"

夜里，我躺在床上恳求："乖儿子，你到我的梦里来吧！咱们见见面！"

　　我梦见的是棺材……棺材上有个窗口，窗口很大……我俯身去亲吻，躺在里面的是谁呀？那不是我的儿子，是一个黑黑的人……是个阿富汗孩子，但长得像萨沙……先出现一个念头：是他杀死了我的儿子。一转念：不过他也是死人啊，有人把他也给打死了……我俯下身，透过窗口亲吻……我被吓醒了，我在干什么？我怎么啦？

——一位母亲

朝着地雷前进

够了，两年了……足够了……这事不能再重复，不能再重复，永远不能……不能回忆……要把这场噩梦忘掉！我没有到过那边……没有……

但不管怎么说，我到过那边。

我从军事学院毕业以后，痛痛快快地度过了规定的假期，在1986年夏天去了莫斯科。根据书面通知，我来到一个重要军事单位的参谋部。要想找到那个单位委实不易，我走进"来人登记处"，拨了三位数号码：

"喂，我是萨扎诺夫中校。"电话线另一端传来声音。

"中校同志，祝您健康！根据您的通知，我前来报到。现在在'来人登记处'。"

"啊，我知道了，知道了……您知道派您到什么地方去吗？"

"阿富汗民主共和国，喀布尔。"

"您感到意外吗？"

"没有感到意外，中校同志。"

五年以来，有人天天向我们灌输："你们早晚会到那边去的。"

所以，我丝毫没有昧着良心，真诚地回答中校："这一天，我已经等待了整整五年。"

如果谁以为一名军官前往阿富汗，就是在第一声警铃响起后，匆匆打点行装，像一个大丈夫那样，对妻子、孩子略表惜别之情，便趁拂晓的薄雾，登上隆隆叫嚣的飞机，那么他就想错了。踏上战争之路，也必须经过一系列"官僚主义手续"，除了命令、自动步枪、干粮之外，还得具备各种证明文件、鉴定，说明你"正确理解党和政府的政策"，还要有公务护照、防疫注射证明、海关申报单、登机卡。

办完这一切手续之后，你才能登上飞机。飞机离开地面时，你会听到某一位喝得醉醺醺的大尉嘶吼："朝着地雷，前进！"

一些报纸上说："阿富汗民主共和国的军事政治，处于复杂而又充满矛盾的形势之中。"军人们认为，撤出第一批的六个团，只应当被视为宣传步骤，至于苏联部队全部撤离的问题，根本谈不上。

"我们这一期足够了。"与我同机的人对此都不怀疑。

"朝着地雷，前进！"酩酊大醉的大尉在梦中呼叫。

我成了一名空降兵。当时就有人开导我，部队分两部分：空降兵和柴油兵。"柴油兵"一词是怎么产生的，无从考证。很多士兵、准尉和一部分军官都在胳膊上刺字，刺的图案与文字没有多大区别，经常是"伊尔-76"，字下边是降落伞的伞顶。也有别的花样，比如说，我见过这么一幅颇带抒情味道的画——云、鸟儿、降落伞和空降兵；还有一句感人的话："请爱天空。"

空降兵不公开的准则中有一条："空降兵只在两种情况下下跪。一是面对战友的尸体时，二是在小溪边喝水时。"

我的战争……

"向左看齐！立正！我现在命令你们完成以下行军路程：从兵站到巴格兰县党委会，再到舍瓦尼村。行军速度以排头车的速度为准，距离由速度决定。呼号为'我是弗列扎'，其他人按车帮上的号码排列。稍息！"这是我们宣传队出发前举行的一般仪式。也可以接着讲下去："严禁你们脱掉钢盔和装甲坎肩，自动步枪不许离手……"

我跳进自己那辆不大的灵活的空降兵战斗侦察车里。我曾听我们的顾问们称之为"巴里，巴里"。"巴里"是阿富汗语，意为"是"。阿富汗人检查扩音器时，他们除了我们传统的呼叫"一二，一二"之外，还说"巴里，巴里"。作为翻译员，我对与语言有关的一切都感兴趣。

"萨利托，萨利托，我是弗列扎。出发……"

不高的石墙后面是几栋砖砌的平房，表面刷了一层石灰，挂着红色的牌匾——县党委。拉格曼同志在门廊里迎接我们，他身上穿着苏军军服。

"拉格曼同志，萨拉莫，阿莱库莫！"

"萨拉莫，阿莱库莫。契托乌尔，阿斯蒂！胡德，阿斯蒂！周尔，阿斯蒂！海伊尔，海利亚特，阿斯蒂？"

他一连讲了好多表示欢迎的传统的客套话，内容都是对你的健康表示关心。这些问候不必回答，只要重复他的原话即可。

指挥官不放过机会，总要讲两句他爱讲的话："契托乌尔，阿斯蒂？胡德，阿斯蒂？到阿富汗来就是胡闹的。"

拉格曼同志听不懂后边的话，莫名其妙地望着我。

"他说的是俄罗斯的一句谚语。"我解释道。

他们请我们到办公室里去，有人端着盘子送来用金属茶壶沏的茶水。阿富汗人请喝茶，是表示热情的不可或缺的行为。不喝茶就不能开始任何工作，就不会进行事务性的交谈，拒绝喝茶相当于见面拒绝握手。

进村以后，欢迎我们的是本村的族长和一群孩子。孩子们穿什么的都有，都不洗脸（婴儿根本不洗澡，根据伊斯兰教法典：身上的泥可以保护自己免受妖魔侵害）。我既然会讲法利赛语，每个人都认为有必要检验一下我的水平。接着总是那个相同的问题："现在几点了？"我答对了，引起一片欢腾（我能回答，说明我对法利赛语是真懂而不是装懂）。

"你是穆斯林吗？"

"是穆斯林。"我开玩笑地答道。

他们需要得到证明。

"你知道卡列马吗？"

卡列马是一段特殊的经文，能背诵卡列马就等于你是穆斯林。

"拉，伊拉赫，伊里亚，米阿赫，瓦，穆罕默德，拉苏，阿拉赫。"我背诵道。意思是："除了安拉以外没有神，穆罕默德是他的代言人。"

"多斯特（朋友）！多斯特！"孩子们叫喊道，他们伸出自己瘦巴巴的手，表示对我的认可。

此后他们还不止一次地让我重复这句话，他们还把自己的朋友带来，并神秘地悄悄地说："他能背诵卡列马。"

广播里传来了阿富汗民间曲调，阿富汗人把广播设备叫

"阿拉·普加乔娃①"。士兵们把国旗、招贴画、标语等形象宣传品悬挂在车上,拉起银幕,准备放映电影。医生们摆开小桌子,桌上摆放着装有药品的纸盒。

召开群众大会时,身穿长长的白罩衣、头戴白缠头的毛拉走向前,朗诵《可兰经》中的经文。诵完一章以后,便转向真主,祈求保佑信徒免遭人间灾难。他把胳膊弯起来,手掌朝天举起。所有在场的人,包括我们在内,都重复他的动作。继毛拉之后,拉格曼同志发了言。他的讲话非常长,这是阿富汗人的一个特点,所有人都能讲也爱讲。语言学中有个术语,叫作"带有感情色彩"。阿富汗人发言时,不仅带有感情色彩,还大量运用隐喻、比喻、修饰语。阿富汗军官不止一次对我说,看到我国政工干部讲课时照本宣科,他们感到十分惊讶。我在阿富汗人的党员会议、讨论会、积极分子聚会上,听过我国讲师同样是照本宣科,用同样的语言:"作为波澜壮阔的共产主义运动的先锋","成为永远的表率","不断地贯彻","有成绩同时也有某些不足",甚至说"某些同志不理解"。

我到阿富汗之前,像我们国内召开的这一类群众大会,早已成为司空见惯的强制性活动,群众参加大会是为了趁机让医生检查一下身体,或者领一小包面粉。已经没人鼓掌,也听不到大家举着拳头高呼"扎伊多,保德",即"万岁"的声音了。在人们还相信强制使他们相信的事,四月革命灿烂的顶峰,光明的未来时,当时所有讲演都还能见到那种场面。

---

① 阿拉·普加乔娃,俄罗斯著名女歌星。

孩子根本不听大会发言，他们关心的是演什么电影。我们每次都是演几部英语对白的动画片和两部用法利赛和普什图语作解释的纪录片，这儿喜欢看印度电影和武打、枪击场面多的影片。

电影之后分发礼品。我们带来成袋的面粉和儿童玩具，把这些东西交给村长，请他分给最穷困的人家和军烈属。他当众保证一定照办，与此同时，他和儿子动手往自己家里搬运面粉。

我们的队长关切地问道："你认为他能分给大家吗？"

"我估计不可能。本地人已经提醒过我们，说村长手脚不干净，这些东西明天都会出现在商店里。"

命令："排成一列，准备出发。"

"一一二准备完毕，可以出发。"

"三〇五准备完毕……"

"三〇七准备完毕……"

"三〇八准备完毕……"

孩子们用雹子般的飞石欢送我们。有一块石头打在我的身上，我说："这就是感谢我们的阿富汗人民的礼物。"

我们取道喀布尔，返回部队。有几家商店的橱窗上挂着俄文广告："最便宜的伏特加酒"，"平价商店"，"'小兄弟'商店欢迎俄罗斯朋友"。商店用俄语叫卖着"女短衫"，"牛仔裤"，"'白发伯爵牌'套装餐具，可供六人使用"，"加襻的旅游鞋"，"白蓝条海魂衫"。小铺出售我国的炼乳、豌豆，还有我国产的暖水瓶、电茶炉、垫子、被褥……

我在家里经常梦见喀布尔。山坡上的小土坯房，房里有灯光……远看好像眼前是一座宏伟的摩天大楼。假如我没到过那边，我不会一下子猜出那仅仅是幻觉……

我从那边回来以后，又过了一年就转业了。

您没有见过刺刀在月光下如何闪亮吧？没有见过？您见过这样的照片：苏联军官站在吊死的阿富汗人旁边？有趣的镜头……留个纪念……最可怕的是参加审讯……让俘虏坐在炸弹上：讲还是不讲……还有这样的拷问——"电话机"——把电话线拴到生殖器上……接通电流……

我离开部队，考入了新闻系……我在写书，但是出现了幻觉……

"你知道卡列马？"

"拉，伊拉赫，伊里亚，米阿赫，瓦，穆罕默德……"

"多斯特！多斯特！"

我们的军官站在被吊死的阿富汗人旁边，他在微笑……我到过那边，我见过这个场面，不过这类事可以写出来吗？谁也不写……那就是说，不能写。既然没人写这些事，那么这些事就似乎不曾发生过。那么，究竟是发生过，还是没有发生过？

——一位上尉

活石头

生活中的任何细节我都记不起来了。

我们的飞机上一共有两百人，两百个男人。集体中的人和单独的人，是两种不同的人。我坐在飞机里，一边飞一边想：到了那边以后，我感受最深的应当是什么……

指挥官的临别赠言中有这么一句："登山，假如失手滑落，不能叫，要无声地摔下去，甘当一块'活石头'。只有这样，才能保全战友们的生命。"

当你站在高高的山岩上放眼眺望，太阳显得非常近，仿佛触手可及。

参军前，我读过亚历山大·费斯曼的一本书——《回忆石头》。我记得书中有些话使我惊讶不已：石头的生命，石头的记忆，石头的声音，石头的灵魂，石头的躯体，石头的名字……我当时不理解，谈石头可以像谈一个有生命的东西。到了那边以后，我发现对石头还可以长时间地观赏，如同观赏水、观赏火。

指挥官对我们的训诫中有一条是："开枪打野兽要偏前射击，否则野兽会超过你的子弹。开枪射击奔跑的人也是如此……"

害怕过吗？害怕过。当工兵的害怕是头五分钟的事，直升机驾驶员是在他向飞机奔去的那一刻，我们步兵是在第一个人开枪之前。

我们在爬山，从清晨爬到深夜……累得半死不活，恶心，呕吐。先是两条腿如同灌了铅，然后是两个肘关节开始颤抖。

有一个人倒下去了，他央求："你们把我打死吧！我实在爬不动了……"

三个人抓住他，拖着他走。

"好弟兄们，把我扔在这儿，开枪打死我吧！"

"狗崽子，我们可以把你打死，可是你家里还有母亲……"

"把我打死吧！"

渴得难熬，我们只走了一半路程，背壶已经没有水了。舌头伸在嘴外，吊着，怎么也收不回去。但不知道怎么，我们居然还能吸烟。我们爬到有雪的地方了，到处寻找融雪——喝洼里的水，用牙啃冰。谁也想不起要先吃氯药片了，谁还管高锰酸钾！我爬到有积雪的地方用舌头舔雪……机枪从身后嗒嗒嗒地射来，可我照旧趴在洼前喝水……呛了一口，还在喝，否则没等喝饱就被打死了。死去的战友脸趴在水里，好像还在喝水。

我现在仿佛是个旁观者……如今回顾当年，当年那边是什么样？我还没有答复您的主要问题：我是怎样去阿富汗的？

我自己申请派我去援助阿富汗人民的。那时，电视里放映的、电台里宣讲的、报纸上撰写的都是关于革命……说我们应当援助……我准备投入战争，我学习空手道……我第一次打人的脸，可不是简单的事。要打得粉碎，必须跨过心理某种障碍线，跨过去就行了！

第一个打死的人……阿富汗小孩，七岁左右……他躺在地上，伸着两只胳膊，好像是在睡觉……他身旁是一匹被炸破肚皮的死马……孩子有什么罪？家畜有什么罪？

"阿富汗人"唱的歌里有这么几句：

> 请你告诉我，他们为了什么，
> 又为了谁，献出了自己的生命？
> 一排士兵，为什么，
> 要冒着机枪的扫射，去冲锋？

回国以后，整整有两年时间，我都在梦中埋葬自己……有时一下子吓醒了：因为找不到可以用来自杀的枪！

朋友们感兴趣的是：有奖章吗？负过伤吗？放过枪吗？我想讲一讲我感受最深的事，他们却对此毫无兴趣。于是我开始酗酒，独饮……喝到第三杯，默默为那些牺牲的战友干杯……为尤拉……其实，他可以得到挽救，我和他一起住在喀布尔军医院里，我的肩膀划伤了，还有脑震荡，他丢了两条腿……很多弟兄都没有胳膊，没有腿，他们吸烟，吐烟圈玩，他们在那边还算正常，不愿意回苏联，他们要求把他们留到最后……回国让他们感到可怕，到了苏联就要过另外一种生活……送尤拉去航空港准备让他回国的那天，他在厕所里割断了静脉……

我劝过他（我们每天晚上下国际象棋）："尤拉，别泄气。你知道阿列克谢·梅列西耶夫吗？读过《真正的人》①那本书吗？"

---

① 苏联作家鲍·波列伏依的小说，描写了歼击机驾驶员阿列克谢·梅列西耶夫受伤截肢后，经过艰苦训练，带着假肢重返蓝天的故事。

"一位非常漂亮的姑娘在等我……"

有时我恨所有在街上遇到的人，从窗户里看见的人。我勉强压住心头的怒火……好在过海关时，我们被收缴了武器、手榴弹……我们完成了他们的事业，现在就可以把我们忘记？把尤拉也忘记？

半夜醒来，我常常弄不清我是在这儿还是在那边？我现在过的像是一个旁观者的生活……我有妻子有孩子……过去我爱养鸽子，我爱清晨，如今我像是个旁观者……我什么都可以献出，只要能还给我欢乐……

——一位列兵

"快把我妈妈还给我"

女儿放学回来，说："妈妈，谁也不相信您去过阿富汗。"

"为什么？"

他们觉得奇怪："谁会派你妈妈到那边去呢？"

我还不习惯于周围安然无事的感觉，我还在享受这种安全的气氛。我还不习惯于没有枪声、不扫射的生活，我还不习惯于拧开水龙头就可以喝一杯水，水里没有氯的味道。在那边，吃大面包有氯味，吃小面包也有氯味，面条、米饭、肉、水果罐头里都有氯味。

我不记得，在家中和女儿怎样度过了两年的时光。我只记得和女儿见面的情景，其余的事在脑子里都没有留下印象。这里的事与我在那边经受的事相比，太渺小，太不为人注意，太不值得一提了。喏，买了一张新桌子，摆在厨房里，买了一台电视机……这儿还发生过什么事？什么事也没有发生。女儿在成长，当年她往阿富汗给我们部队首长写过信："快把我妈妈还给我，我太想她了……"阿富汗之后，除了女儿，我对什么事都没有兴趣了。

那边的河流湛蓝湛蓝，像童话里描写的一般，我从来没有想到水会是天空的颜色。殷红的罂粟花，像我们的野菊花一样遍地开放，罂粟花在山脚，像一堆堆燃烧着的篝火。高大的骆驼什么也不怕，像老人一样不动声色地望着一切。一条毛驴拉着一车橘子去赶集，踩在反坦克地雷上被炸死了。

你真该诅咒啊，阿富汗！

阿富汗之后，我无法平静地生活，无法像大家那样生活。回国以后，邻居们、女友们常常要求到家里来做客："瓦利娅，我们到你那儿去坐一坐。你给我们讲一讲那边使用的锅碗瓢盆都是什么样子的？那边的地毯是什么样子的？据说各类货物堆成了山，电视机处处可见，这是真的吗？你带回了什么，或者有什么东西可以出让？"

从那边运回来的棺材比录音机多，可惜这事被人们忘记了……

你真该诅咒啊，阿富汗！

女儿越长越高，我的住房小。在那边时他们曾经答应我：回国后，对您的一切都会有所回报。我去找执委会，他们收下了我的申请书。

"您是伤员？"

"不是，我完整地回来了。"外表无损，内心里的损伤却看不见。

"那您就和大家过一样的生活吧！我们并没有派您到那边去。"

我排队买糖："从那边什么东西都带回来了，到了这儿还要求得到照顾……"

六口棺材同时摆放在一起：一口是亚申科少校，一口是一位中尉，其他四口是士兵……他们被白色褥单裹着，躺在棺材里，看不见头颅……我从来没有想到男子汉也能号啕大哭……我保留着几张照片……在他们牺牲的地方，用大弹片竖立起纪念碑，上边用石头刻出阵亡者的姓名。"杜赫"把他们扔到山涧里，把纪念碑打烂，填平了坟墓，不让我们留下任何痕迹……

你真该诅咒啊，阿富汗！

我不在家的时候，女儿长大了，她在寄宿学校里过了两年。我回来了，女教师抱怨说：她的学习成绩是三分，她已经是大姑娘了。

"妈妈，你们在那边都干什么？"

"妇女在那边帮男人们干事。我认识一位妇女，她对一个男人说：'你会活下来。'他活下来了。'你会走路。'他果然能走路了。在这之前，这位妇女把他写给妻子的信拿走了。那封信中写的是：'我现在没有腿，谁还需要我？！请你们把我忘记吧！'她对那个男人说："你写：'你好，亲爱的妻子，亲爱的阿莲卡和阿廖什卡……'""

我怎么去的？指挥官把我叫去的："应该去！"我们就是被这三个字培养起来的，这已经成了习惯。一个小姑娘在转运站，躺在光秃秃的褥垫上哭鼻子："我家里什么东西都有：四居室的住房，未婚夫，疼爱我的双亲。"

"你为什么要来？"

"他们说，这儿困难，应该来！"

我从那边什么也没有带回来，只带回了记忆。

你真该诅咒啊，阿富汗！

这场战争永远不会结束，我们的孩子还会接着打下去。女儿昨天又说："妈妈，谁也不相信您去过阿富汗……"

——一位机要科女科长，准尉

"我想把儿子留在家里"

　　在我们面前，请您不要说我们是牺牲品，不要说那是一次错误。在我面前，请您不要说这类话，我不允许您这么说。

　　我们打仗认真，作战英勇，您有什么权利批评我们？我单腿下跪吻过军旗，宣过誓。既然吻了军旗，那么从事的事业就是神圣的，我们接受的教育就是如此。我们热爱祖国，我们相信祖国，不管祖国怎样，我们都爱它。我还没有离开那场战争，我还没有从战争中回来……窗外排气管砰地响了一声，我的心一跳。一块玻璃打碎的声响，也让我心跳……头脑里空空荡荡……空得嗡嗡直响……长途电话铃一响，觉得像是自动步枪在射击……我不允许把这一切一笔勾销。我不能践踏自己那些不眠之夜，自己经受过的折磨。我忘不掉在五十摄氏度的高温里，身上掠过的一阵寒战……

　　我们坐在输送车上，扯着嗓子唱歌。我们见了姑娘们就呼唤、挑逗，她们坐在载重汽车上，个个花容月貌，我们一路有说有笑。我们中间也有胆小鬼："我不去……我宁肯蹲监狱也不上前线。"

　　"好吧，赏给你这个！"说完就拳打脚踢。我们侮辱这类人，他们甚至从部队里逃跑。

第一个被打死的人……他被从舱口拖出来，他说："我想活……"话音未落就断气了。战斗之后无心观赏美景。那一座一座山，那淡蓝色的峡谷……恨不得用枪把这一切都消灭！有时又会变得安安静静，温柔多情。有一个受伤的小伙子拖了很长时间才死掉，他躺着，像刚刚学会说话的婴儿，眼睛看见什么，就反反复复地叫什么："山……树……鸟儿……天空……"他这样一直重复到死。

有一位年轻的"查兰多依"①，就是他们的民警，他说："我死了，真主会把我带进天堂。你会到什么地方去呢？"

我会到什么地方去？

我到了军医院。父亲到塔什干来看望我："负伤以后，你可以留在苏联。"

"我的哥们儿都在那边，我怎么能留在苏联？"

他是共产党员，但去过教堂，点过蜡烛。

"爸，你为什么要这么做？"

"我总得把自己的信念寄托在什么地方。为了让你回来，我还能求谁呢？"

我身旁躺着一个小伙子。他母亲从杜尚别来看他，带来水果、白兰地："我想把儿子留在家里，这事得求谁呢？"

"大妈，为了我们的健康，最好把您带来的白兰地给我们喝了。"

"我想把儿子留在家里……"

---

① 此处指阿富汗内务机构和警察部队。

我们喝光了她的白兰地,整整一箱子。最后一天,听说我们病房里有人患了胃溃疡,把他转到医疗卫生营去了。他是个自私的家伙,我们把他的面孔从自己的记忆中抹掉了。

对于我来说——或是黑,或是白,没有灰,没有任何中间颜色……

有的地方成天下雨,晴天也下雨,让人难以置信。那些大蚊子在水面上嗡嗡叫,被太阳晒枯了的皱巴巴的山,滚烫刺人的沙……我们的士兵们遍体鳞伤地躺在沙地里,如同躺在一条巨大的床单上,他们身上所有的男性器官都被切除了,还有张纸条,上边写着:你们的女人跟你们永远生不出儿子来……

您还说——忘记?!

有人带着日本录音机回来了,有人在用着会发出音乐声的打火机,有人身穿洗得旧而又旧的军服,提着空空的手提箱。

为什么没有关于阿富汗的书?为什么没有诗?为什么没有我们可以唱的歌?我们打仗认真,作战英勇。给我颁发了勋章……听说,我们这些"阿富汗人",不佩戴勋章也能被认出来,从眼神里就可以认出来:"小伙子,你是从阿富汗回来的吧?"

其实我身上穿的是苏联大衣,脚上穿的是苏联皮鞋……

——一位列兵

也许她还活着

　　也许她还活着，我的好闺女还活着，活在某个遥远的地方……不管她活在什么地方，只要她活着，我就高兴。我是这么想的，我也是这么希望的，非常非常希望她活着！我终于做了一个梦，梦见她回家来了……她搬来一把椅子，坐在屋子中间，她的头发很长，很好看，披散在肩上……她用手把头发那么一撩，然后说："妈，您何必总是叫我。您也知道，叫我我也不能到您这儿来了，我有丈夫，有两个孩子，我有家……"

　　我在梦中立刻回忆起：安葬她的时间，大概在那之后过了一个月，我想她没有被打死，是他们把她抢走了……过去，我们母女二人走在大街上，行人都回头看她——高高的个子，流水般顺滑的长发……可是谁也不相信我……现在在梦里得到了证实，我的猜测是正确的，她活着……

　　我是个医务工作者，我一生都认为这是一种神圣的职业。我热爱这个职业，所以让女儿也爱上了医务工作。如今我诅咒自己，如果她不从事这一行，她会留在家里，会活下来。现在只有我和丈夫两个人了，身边再没有别人。空虚啊，空虚得可怕。到了晚上，我们坐下来看电视，坐着，一声不响，有时整个晚上我们也说不上一句话。电视机里一唱歌，我就哭，丈夫就号叫，然后走开。你们想象不出，在这里，在我的心里，发生了什么事……早晨需要上班，怎么也起不来。痛苦极了！有时候我想，我再不起来了，也不上班了。我躺在床上，让别人把我抬到女儿那里去，去找她……

我有一种喜欢幻想的习惯，我总是和女儿在一起，她在我的幻想里，样子从来不会重复。我甚至和她一起读书……不过，我现在读的是关于自然，关于动物，关于星星的书，我不爱读关于人的书了……我以为大自然会对我有所帮助……春天，我们到城外去，紫罗兰正在开放，树枝上长出嫩叶，可是我开始大叫……大自然的美，生物的欢乐，给了我这么大的刺激……我开始惧怕时间的流逝，时间把她从我身边夺走，夺走了对她的记忆……细节渐渐淡化……说过什么话，她是怎样微笑的……我从她的衣服上拣了一些她的发丝，装在小盒里。丈夫问我："你在干什么？"

"留下她的头发，她已经不在了。"

有时，我在家中坐着想事情，突然清清楚楚地听到："妈，别哭。"我回头一看，没有人。我接着回忆，她躺着，墓穴已经挖好了，大地准备接受她。可是我跪在她的面前："我的好闺女呀，亲爱的宝贝儿，这事是怎么发生的？你在哪里？你到什么地方去了？"

她还和我在一起，虽然她已经躺在棺材里了。

我还记得那一天，她下班回来说："今天主任医师找我谈了话。"她没有接着往下说。

"结果呢？"我还没有听到她的回答，可是已经感觉到不对头。

"我们医院收到一份调拨令，派一个人去阿富汗。"

"结果呢？"

"需要一名手术台上的女护士。"她正是外科手术台上的护士。

"结果呢？"我把所有的话都忘记了，翻来覆去问这句话。

"我同意去。"

"结果呢？"

"反正需要有人去，我想到困难的地方去。"

大家都知道，那里正在打仗，人在流血，需要护士，我也知道。我哭了，可是却说不出"不"字来。她用严峻的目光看了看我："妈，我们俩都向希波克拉底①宣过誓……"

她花了几个月的时间准备各种材料。她把鉴定带回家来，拿给我看，上边写着："正确理解党与政府的政策。"到这时我还不太相信。

我对您讲这些事……心里觉得轻松一点……好像我还有她……我明天去安葬她，棺材现在在室内，她还和我在一起……也许她住在某处？我只是想知道她现在什么样子了？头发还是长长的吗？穿的是什么样的上衣？我什么都想知道……

如果让我对您说实话，我现在什么人也不想见。我愿意只身一人……那时我就可以和她，和我的斯维托奇卡单独谈心。只要有人一进屋，一切都会乱套。我不愿意让任何人闯进这个世界。我妈有时从农村来看我，我甚至也不愿意与她分享那些时光……

---

① 希波克拉底：古希腊医师。苏联人取得医生称号时，必须向希波克拉底宣誓：在工作中应有高尚的道德品质，并成为合乎道德行为的榜样。

只有一次，有个女人来找我，她是我的同事，我不让她走，我们俩一直谈到深夜，谈到怕地铁停运，怕她赶不上最后一班车……她丈夫也着急了……她儿子从阿富汗回来了……回来了，儿子和她送到那边去时截然不同了……"妈，我和您一起烤肉饼……妈，我和您一起去洗衣店……"他怕男人，只和姑娘们交朋友。母亲跑去找医生，医生说："忍耐着吧，这种现象会过去。"现在我觉得这种人跟我更亲近，我也更能理解他们。我可以和这位妇女交朋友，可是她再没有来找我，她望着斯维托奇卡的相片不停地哭……

我本来想回忆别的事……我想对您讲什么来着？啊，她第一次休假回家的事……不，还有我们怎样为她送行，她是怎样告别的……学校的同学们、医院里的同事都到火车站来了。有一位年老的外科医生弯下腰，吻了吻她的手，说："我再也见不到这样的手了。"

她回国休假，又瘦又小。她一连睡了三天，然后起来，吃点东西，又睡。再起来，再吃点东西，再睡。

"斯维托奇卡，你在那边怎么样？"

"妈，一切都好，一切都好。"

她坐着，不说话，一个人悄悄地发笑。

"斯维托奇卡，你的双手怎么啦？"我认不出她的手来了，那双手变得仿佛是个五十岁人的手。

"妈，那边工作多得很，我能考虑自己的手吗？您设想一下，我们准备手术，用甲酸洗手。医生走到我跟前说：'您怎么啦，不担心自己的肾脏。'他还在考虑自己的肾脏……身边好几个人都快死了……不过您别胡思乱想……我感到满意，那边需要我……"

她提前三天回去了。

"妈，请您原谅我，我们卫生营里只剩下两个女护士。医生够用，可是护士太少。她俩会累死的，我怎能不回去？！"

她临行前，我俩一起乘车到别墅去看姥姥，姥姥非常疼她。姥姥快九十岁了，站在一大丛玫瑰花前。斯维托奇卡要求姥姥："你可不许先走，你要等我回来。"姥姥一下子把所有的玫瑰花都剪下来，捧给了她……

早晨5点钟就要起床。我唤她，她说："妈，我到底还是没有睡足觉。我觉得，我的觉永远睡不够。"在出租汽车上，她打开手提包，惊叫了一声："我忘带咱们家门的钥匙了。我没有家门钥匙，我一回来，你们万一不在家呢？"后来，我找到了钥匙，在她的旧裙子兜里……我本想趁寄东西时给她捎去，免得她焦虑……得让她手中有开家门的钥匙……

万一她活着呢？……她正在什么地方走路，在笑……她为百花盛开而兴高采烈……她喜欢玫瑰……现在，每当我去她姥姥家，姥姥还健在，就会想起斯维塔说过的话："你可不许先走，你要等我回来。"……我半夜起来……桌上有一束玫瑰，这是她姥姥昨晚剪下来的，还有两杯茶……

"您怎么不睡觉呀？"

"我和斯维特兰卡（姥姥总叫她'斯维特兰卡'）在喝茶。"

在梦中见到她，我对自己说：我走过去，亲吻她，如果她有温度，那么她还活着。我走过去，亲吻她……她有温度，她还活着！

万一她在什么地方活着呢？在另外一个地方……

我在公墓里，坐在她的小坟旁……走来两位军人，有一位停住了脚步："呀，咱们的斯维塔……你瞧……"他看见了我，"您是——母亲吧？"

我向他奔过去："您认识斯维托奇卡？"

他转身对战友说："扫射时，她的两条腿被打断了，她就那么死了。"

这时我大叫起来，他吓了一跳："您一点儿也不知道？请您原谅我。请您原谅。"他匆匆走了。

我再也没有见到这个人，我也没有去找过他。

我坐在小坟旁……一个个做母亲的，带着孩子从面前经过……我听到她们在说："这算什么母亲呀？在咱们这个时代，她怎么能把自己的独生女儿送上战场？把一个女孩子交出去？"

我女儿的墓碑上刻着"纪念独生女儿"。

她们竟敢这么说，竟能这样讲！她是宣过誓的，她是护士，外科医生吻过她的手。她去那边，是为了救死扶伤，为了拯救她们的儿子……

人们啊，我的心在呼号，不要回避我！和我一起在坟前站一会儿，不要撇下我一个人……

——一位母亲

我以为所有人都能变得善良

我以为所有人都能变得善良……经过流血事件之后，我以为谁也不希望再流血了……可是他拿起报纸读道："他们从俘虏营中回来了……"接着便破口骂娘。

"你怎么啦？"

"我真想让那些人都贴着墙站好，亲手把他们毙了……"

"难道我们流的血还少吗？你还嫌不够？"

"我不怜悯叛徒。我们的胳膊、大腿被炸掉了，可是他们在欣赏纽约……摩天大楼……"

在那边时，他是我的朋友……一开始我以为我们是分不开的，我不能单独一个人。现在我希望单独一个人……我的生路在于独自生活。

我愿意自言自语："我恨这个人，恨他！"

"恨谁？"

"恨自己。"

我怕离开家上街，我怕接触女人……还不如当时阵亡，那样我们学校也可以挂上一块纪念碑，会把我当成英雄……我们总是大谈特谈英雄、英雄主义，只谈英雄主义。人人都想当英雄，那时我不想当。部队已经进驻阿富汗，可我还一无所知，我觉得没意思。当时我正在初恋……可是现在我害怕接触女人……早晨无轨电车里乘客拥挤，我也怕接触到女人……我对谁也没有表白过，我跟女人什么也干不成，妻子抛弃我走了……发生了这样的事……这事发生得很奇怪……我把水壶烧化了，水壶在燃烧，我坐在那儿看它怎么变黑……妻子下班回家："你烧了什么东西？"

"水壶。"

"这是第三把了……"

"我爱闻着火的味道。"

她锁上门就走了，这是两年前的事，从此我就怕女人，不能对她们说心里话，对她们不能讲自己的任何事。她们当时听你讲，可是以后就会责备你……

"这是一个怎样的早晨啊！你又在喊叫，你整夜又在杀人。"我妻子这么说。

我还没有把直升机驾驶员轰炸时的狂喜告诉她，没有把一个人站在死神旁的狂喜告诉她。

"这是一个怎样的早晨啊！你又在喊叫……"

她不知道我们的中尉是怎样阵亡的。大家发现了水，就停了车："停！大家站着不要动！"中尉喊了一声，他指了指河沟旁一个肮脏的布包——地雷？

几名工兵先走了过去，拿起"地雷"，"地雷"咿呀叫了起来，是个婴儿。

怎么办？把他留在原地，或者把他带走？没有人下命令，中尉自告奋勇："不能扔在这里，他会饿死。我把他送到村子里去，村子就在附近。"

我们等了一个小时，他们开车去的，来回一趟其实只要二十分钟。

他们俩躺在地上，中尉和司机，在村庄中间，在广场上，妇女用锄头把他们俩打死了……

"这是一个怎样的早晨啊！你又在喊叫，你整夜在杀人。"

我们的兵负了伤，躺在地上，快要死了，他在呼唤母亲，呼唤自己心爱的姑娘……旁边躺着一个负伤的"杜赫"，他也快死了，他也在呼唤母亲，呼唤自己心爱的姑娘……一会儿是在呼唤阿富汗的名字，一会儿是在呼唤俄罗斯的名字……

有时候我记不得自己的姓名、地址，记不得自己过去的一切。等到清醒过来，又开始重新生活，但是信心不足……走出家门，马上出现了一个念头：我是否锁上了门？是否关闭了天然气？刚躺下睡觉，我又站了起来：我是否上了明天早晨的闹钟？早晨上班，遇见邻居：我是否对他们说了"早安"？

吉卜林写过这样的话：

　　　西方是西方，东方是东方，它们无法相互理解。
　　　只有在上帝的宝座前，它们才能重新相聚。
　　　但，没有东方，也没有西方，
　　　诞生于世界两端的，两个强壮的男子汉，
　　　如果相遇，就会合而为一！

她嫁给我时说："你从地狱里走出来了，我会拯救你……"

其实，我是从污水里爬出来的……我现在怕接触女人……我去阿富汗时，她们穿的是长连衣裙，我回来时，她们穿的任何衣服都很短。我不认识她们了。我求她穿长的裙子，她咯咯笑了，然后又生我的气，以后就开始讨厌我……

但，没有东方，也没有西方，

诞生于世界两端的，两个强壮的男子汉，

如果相遇，就会合而为一！

我讲了些什么啊？讲我妻子的长连衣裙……那些连衣裙还挂在衣橱里，她没有带走……

我还没有把话跟她讲完。

——一位中士侦察兵

难道我能说"我怀疑"

　　我当了一辈子军人，非军人生活只是从小说里知道一二。真正军人的心理与众不同，对于他来说，战争是正义或非正义的，这无关紧要。派我到哪儿去打仗，哪儿进行的就是正义战争，就是非打不可的战争。这次派我去打仗时，也说这场战争是正义的，我们也这样认为。我本人也站在士兵中间，对他们宣讲保卫我国南方边境的意义，我对他们加强思想教育，一周两次政治学习。难道我能说"我怀疑"？部队可不容忍自由思想。你已经被摆在队伍里了，从今以后，你的一切行动只能听从命令。从早晨到晚上都是如此。

　　命令："起床！"

　　大家起床。

　　命令："排队，准备做早操！向左转，跑步走！"

　　做完了早操。

　　"解散，可以到树林中稍息五分钟。"

　　大家解散了。

　　命令："排队！"

　　……

　　我在兵营里从未见过有谁挂过相片，挂谁的呢？……比方说，康斯坦丁·齐奥尔科夫斯基^①或者列夫·托尔斯泰的相片，我一次也没有见过。挂的是尼古拉·加斯泰洛、亚历山大·马特洛索夫……伟大的卫国战争的英雄们……

有一次，那时我还是一个年轻的中尉，在自己的房间挂了罗曼·罗兰的相片（是从某本杂志上剪下来的）。部队首长进了屋："这是什么人？"

"上校同志，这是罗曼·罗兰，法国作家。"

"马上把这个法国人摘掉！难道我们本国的英雄还不够用吗？"

"上校同志……"

"向后转，到仓库去，带着卡尔·马克思像回来！"

"他可是德国人呀！"

"住口！禁闭两昼夜！"

卡尔·马克思与这有什么关系？我对士兵们也说过：这架车床怎么能使用？这是外国制造的。这辆外国牌子的汽车怎么能开？它在咱们的道路上会散架的。世界上最好的产品都是我国制造的：我国的机床，我国的汽车，我国的人民。到了现在，我才开始考虑：为什么日本机床就不能是最好的？为什么法国的卡普伦长袜就不能是最好的？为什么中国台湾姑娘就不能是最好的？我已经五十岁了……

我做了一个梦，我杀了一个人，那个人跪着，手脚着地。他没有抬头，我看不见他的脸，他们长得都一个模样……我心安理

---

① 康斯坦丁·爱德华多维奇·齐奥尔科夫斯基（1857—1935），苏俄科学家，现代航天学和火箭理论的奠基人。

得地朝他开了一枪，我看见了他的血，我喊了一声，我醒来时想起了梦里的事……

这儿已经有人写文章谈论政治错误，说这场战争是"勃列日涅夫的冒险行动"，是"罪行"。可是我们当时不能不作战，不能不去死，也不能不杀人。这儿写文章，那边死人。请你们不要评论，你们评论不了！我们保卫了什么？革命？不，我已经不这么想了，我心里已经开始另有想法了。但，我硬是说服自己，我们是在保卫自己的军事城镇，保卫我国人民。

稻田在燃烧，稻田是用曳光弹烧起来的。稻田滋滋作响，火蔓延得很快，炎热也助长了战火……农民奔来奔去，从田里抢救烧焦了的稻子……我从来没有见过阿富汗孩子哭，孩子们又瘦又小，猜不出他们有几岁。他们穿着肥大的裤子，下边露着两只小脚丫。

我总有一种感觉，好像有人想把我打死……铅弹没有头脑……至今我也不知道是否能习惯这种现象……那边的西瓜、香瓜足有板凳那么大，用刺刀一捅就碎。死很简单，杀人则要难得多……谁也不谈死人的事……如果可以这么说的话，那是一种游戏规则……收拾行装，准备出击，背包底下留一封写给妻子的信——告别的信。我写道："把我的手枪钻个孔，留给儿子。"

战斗打响了，录音机还在叫，忘记把它关掉，是弗拉基米尔·维索茨基的声音：

在黄色的炎热的非洲，
在它的中心地带，

突然超出工作的安排，

发生了不幸的意外。

"看来要发大水！"

大象说没有弄清青红皂白。

总之是这么一件事，

有个长颈鹿在向羚羊求爱。

"杜什曼"也听维索茨基的歌……夜间，我们埋伏在地，听他们那边在唱：

请脱帽，请脱帽！

我的朋友去了马加丹，

他是自愿去的，自愿去的，

没有押解，不是囚犯。

他们在山里看我国的影片……关于科托夫斯基，关于科夫帕克……房间里有一台电视机、一台录音机……他们向我们学习，以便跟我们作战……

我从我们那些被打死的娃娃兵的衣袋里掏出一些信件……照片……契尔尼戈夫的塔尼娅……普斯科夫的马申卡……这些都是在省城照相馆拍的，样式相同……相片下边是一些幼稚的题词："我像夜莺盼望夏天，盼望你的回信"，"飞吧，带着我的问候飞去，再带着你的回信飞来！"这些相片像一摞纸牌摆在我的办公桌上……一张张漂亮的俄罗斯姑娘的面孔……

我回不到那个世界了……我做过努力，但毫无结果……我的血压高了，缺少工作压力……血中的肾上腺素在闹腾，缺乏尖锐的刺激，对生活的藐视……医生诊断说：血管狭窄……我需要一种节奏，一种能使我厮杀打架的节奏……我现在也想到那边去，但不知到了那边我会有什么感觉……大道上扔着一些被摧毁，被烧坏的军车、坦克、装甲输送车……难道我们在那边只能留下这些玩意儿？

我去了公墓……我想围着"阿富汗人"的坟转一圈……我遇到某人的母亲……

"你走开吧，指挥官。你已经有了白发，你还活着，可是我的好儿子躺在这里……我的好儿子还没有刮过一次胡须……"

不久以前，我的一位朋友去世了，他曾在埃塞俄比亚打过仗。在那炎热的地方，他换了一个肾，他所知道的一切与他一起消失了。另外一位同志讲他怎样去了越南……我也见过去安哥拉、埃及的人，见过 1956 年到过匈牙利、1978 年到过捷克斯洛伐克的人……我们在一起交谈，在别墅院里一起种小萝卜，钓鱼……我现在是领取养老金的人……我在喀布尔军医院割掉了一个肺……赫梅里尼茨基郊区有个军医院，那里住着被家人拒绝接受的人，也有自己不愿意回家的人……有个小伙子从那个军医院给我写信说："我没有胳膊没有腿，早晨醒来，不知道自己是个什么东西，是人还是动物？有时真想'喵喵'叫两声或者'汪汪'狂吠一阵，但我咬紧了牙关……"

我需要一种节奏，一种能够让我厮杀打架的节奏。可是我不知道，我该和谁打架。我已经不能站在自己的娃娃兵当中宣传

"我们是最优秀的，我们是最正义的"了。但我坚持认为，我们曾经想当那样的人，可惜没有当成，为什么？

—— 一位少校营长

什么是真理

　　我们面对祖国，感到问心无愧，我真诚地履行了自己作为士兵的天职。我听说了，也读到了，人们现在把这场战争称为"肮脏的战争"。那么如何看待祖国之情、人民之情与责任感呢？莫非祖国对你们来说，仅仅是一个空洞的字眼？我们面对祖国，感到问心无愧。

　　我们被视为占领军，我们在那边占领了什么？从那边又带回来了什么？"载重二〇〇"——装着战友们的棺材，我们获得了什么？各种疾病，从营养不良到霍乱和伤残。我没有什么事情应当忏悔，我帮助了兄弟般的阿富汗人民。这一点，我坚信不疑！和我一起到过那边的人，也都是真诚、老实的弟兄。他们相信，他们也是怀着善意踏上那块土地的，他们不是"错误的战争"中犯了错误的前线士兵。有人想把我们看成天真幼稚的"小傻瓜"、炮灰，为什么？目的何在？难道是在寻求真理？请不要忘记圣经里的话，你们还记得耶稣受彼拉多审问时说过的话吗？

　　"我的诞生和我来到人间，是为了证实真理的存在。"

　　皮拉多又问了一遍："什么是真理？"

　　问题没有得到解答……

　　我有自己的真理。我的真理在于：我的信任可能天真幼稚，但我们像处女一般纯洁。我们以为，新政权把土地分给大家，大家应当欢天喜地地接受。可是突然……农民不要土地！我们以为，我们给他们修建拖拉机站，把拖拉机、收割机、割草机给了他们，他们就会翻身过好日子，可是突然……他们毁坏了拖拉机站！我们以为，在太空飞行的时代再去信神，是可笑的、荒谬的！我们把一位阿富汗小伙子送上了太空……我们的想法是，你们瞧，他已经到了你们真主所在的地方。可是突然……文明动摇不了伊斯兰宗教……是啊，"我们以为"又有何用？……过去的情况就是如此，就是如此……这是我们生活中遇到的特殊情况……我把这些情况保留在心中，无法把它毁掉，我也不允许别人用黑的颜色把它玷污。我们在那边时，用自己的身躯彼此相互保护。你们不妨站在敌人的枪口下试一试！这事你不会忘掉。那么那件事呢？我本想出其不意地返回老家，但替妈妈担心。我打了电话："妈，我活着，我在航空港。"电话线那头的听筒掉了下去。

谁告诉你说，我们在那边打了败仗？我们是在这儿，在家里，在苏联吃了败仗。其实，我们在这儿可以赢得多么漂亮的胜利！我们带着一身烧伤回来了，可是不让我们……不让我们有权利，不让我们干一番事业……每天早晨有人在方尖碑上（市内目前还没有为阵亡的"阿富汗人"竖立的纪念碑，将来会有的）挂出标语："请在白俄罗斯军区也竖立一座……"我的表弟十八岁，不愿意参军，他说："让我去执行某些人愚蠢的或犯罪的命令？"

什么是真理？

我们这栋五层的楼房里住着一位年迈的女医生，她已经八十岁高龄了。自从所有这些揭露性的文章和发言被公布以后，自从这些真理劈头盖脸地落在我们身上以后，她神经错乱了。她推开自己在一楼的窗户，高呼："斯大林万岁！""人类光明的未来——共产主义万岁！"我每天早晨都看见她……谁也不碰她，她也不妨碍任何人，可是我有时感到害怕……

　　不过，我们面对祖国，感到问心无愧……

—— 一位炮兵

为什么我要忍受这么大的痛苦

　　有人按门铃，我跑去开门，没有人影。我吓了一跳：是不是儿子回来了呀？……

　　过了两天，几个军人敲门。

　　"怎么，我儿子不在了？"

　　"是，他现在不在了。"

　　屋里鸦雀无声。我在前厅对着镜子跪下来："上帝呀，上帝呀！我英明的上帝呀！"

　　桌子上放着我没有写完的信：

　　我的乖儿子，你好！

　　　你的来信我看过了，我很高兴！这封信里没有一个文法上的错误。句法上，和上次一样有两个错误。"我会，按父亲说的那样去做"这个句子当中，"我会"与"按父亲说的……"之间不需要加逗号。第二个句子："我认为我不会让你们丢脸"则需要逗号。不要因为妈妈指出你的错误，就生我的气。　　.

　　　乖儿子，阿富汗气候炎热，注意不要着凉，你总是容易感冒……

大家在墓地里沉默不语。人很多，可是谁也不讲话。我手里拿着一把螺丝起子，他们谁也不能从我手中把它拿走："让我把棺材打开……打开看看我的儿子……"

　　我想用螺丝起子把锌皮棺材撬开。

　　我丈夫想寻短见："我活不下去了。原谅我吧，孩子他妈，我再也活不下去了。"

　　我劝他："应当给他立个碑，放上一块墓石。"

　　他不能入睡，总是在说："我一躺下睡觉，儿子就出现在眼前，吻我，拥抱我……"

　　按照老风俗，我要把一个面包保存四十天……入殓之后，过了三周，面包就碎了，这就意味着家庭要解体……

　　我在家里处处都挂上了儿子的相片，这样我觉得轻松些，可是丈夫却受不了："取下来吧，他的眼睛总是盯着我……"

　　我们给他立了一块碑，很好的碑，用贵重的大理石做的，我们为儿子结婚积蓄的钱都用在石碑上了。小小的坟墓上摆了一块红色石板，种了一些红花——天竺牡丹。丈夫给围栏涂了颜色，他说："我们做了能做的一切，儿子不会生我们的气。"

　　早晨，丈夫送我去上班，我们告别。我下班回家一看，他在厨房里用长巾上了吊，面对着儿子的照片，我最喜欢的那幅照片。

　　"上帝呀，上帝呀！我英明的上帝呀！"

　　请你们告诉我，他是不是英雄？为什么我要忍受这么大的痛苦？有时我心想：他们都是英雄！躺在那里的不止他一个人……市属陵园里，一排又一排……有时我咒骂政府，咒骂党，咒骂我自己曾教育过他的那句话："乖儿子，天职就是天职，必须履行。"

我诅咒所有人，到了早晨我就跑到小坟墓前，请求宽恕："乖儿子，原谅我的话吧……原谅吧……"

—— 一位母亲

我没有人可以等待了

　　我收到了来信："如果你收不到我的信，不用着急，按原来的通信地址给我写信好了。"此后两个月没有音信，我没有想到他会在阿富汗。我收拾行李，准备到新的服役地点去看望他。

　　他没有说他在打仗，他说他在晒太阳，在钓鱼。他寄来了一张照片：他骑着小毛驴，两个膝盖上沾满了沙子，我不知道那儿在惨烈地厮杀。过去，他从来不逗小女儿，他没有当父亲的情感，也许因为女儿太小。现在他回来，几个小时都坐在女儿身边，望着女儿，眼神里充满了忧伤，那种神色让我害怕。早晨起来，他把女儿送到托儿所去。他喜欢把她放在肩膀上，扛着她走，晚上再把她接回来。我们一起去过剧场，去过电影院，但他更喜欢留在家里。

　　对待爱情，他变得十分缠绵，每次我去上班，或到厨房去做饭——他连这点时间也舍不得放过："跟我待一会儿，今天不吃肉饼也可以。我在家的时间，你请几天假。"

　　到了往回飞的日子，上飞机时他故意误了点，以便让我们俩再多待两天。

　　最后一夜，那么美好，我都哭了……我在哭，他不说话，一味地望着我。

最后他开了口："塔玛拉，如果你再嫁，别忘了我。"

我说："你疯了，你永远不会被打死！我这么爱你，你永远不会被打死。"

他笑了。

他不想再要孩子。

"等我回来，到那时候你再生。否则你一个人，怎么照顾得了两个？"

我学会了等待。不过一旦遇见殡仪汽车，我就感到不舒服，就想喊，就想哭。我跑回家，家中要是有圣像该多好，我会跪下祈祷："请主为我保佑他！保佑他！"

那一天，我去看电影，眼睛望着银幕，可是什么也看不见。我莫名其妙地心慌意乱，好像有人在某处等我，我应当到某地去，我勉勉强强熬到散场。当时，那边大概正在激战……

整整一周，我仍然一事不知。我甚至还收到他的两封信，平时我会高兴，会吻来信，可是这次我火了：你还要让我等多久？

第九天清晨5点钟，来了一封电报，有人从门缝下把它塞了进来。电报是他的双亲拍来的："速来，彼佳阵亡。"

我一下子叫了起来，惊醒了孩子。怎么办？到哪儿去？没有钱。恰好这一天，我应当收到他的领款凭单。我记得，我用红被子把女儿裹起来就上了街，公共汽车还没有运营。我拦住一辆出租汽车。

"去机场。"我对司机说。

"我要回车库。"他顺手关上了车门。

"我丈夫在阿富汗阵亡了……"

他默默地下了车，帮我上了车。我顺路来到一位女友家中，向她借钱。机场没有去莫斯科的机票了，我又不敢从手提包里掏出电报给他们看，万一这不是事实呢？如果是搞错了呢？如果我心里想着他还活在人间，他就没有死。我在哭，大家都看着我。他们让我乘坐教练机飞往莫斯科，当天夜里就抵达了明斯克。但我还得继续赶路，去老路区亚兹利村。出租司机们都不愿意去，嫌远——一百五十公里。我恳求他们，央求他们。有个司机同意了："五十卢布，我送你。"

凌晨两点，车到了家门口，家人都在哭。

"也许这不是真的？"

"是真的，塔玛拉，是真的。"

早晨我们到军委会去，一位军人回答说："等运到时，我们就通知你们。"我们又等了两天两夜。我们往明斯克打电话，得到的回答是："你们来吧，自己运回去吧！"我们去了，州军委会的人说："他被错运到巴拉诺维奇了。"还得跑一百公里，可是我们的大汽车没油了。到了巴拉诺维奇航空港，那儿一个人也没有，都下班了。岗楼里坐着一个门卫。

"我们来了……"

"那边有个箱子。"他用手一指，"你们看看，如果是你们的，就把它弄走吧！"

空地上放着一个肮脏的箱子，箱子上有几个粉笔字——"多夫纳尔上尉"。我把棺材小窗口上的木板掰掉了：面孔是完整的，但是没刮脸，没人给他洗身体，棺材有点儿小。有股味道……我无法弯下身去吻他……他们就是这样把丈夫还给了我……

我在他面前跪下，他是我最珍贵的人。

这是明斯克州老路区亚兹利村的第一口棺材。我还记得，人们的眼里流露出恐惧的神色，谁也不理解发生了什么事。棺材被放入墓穴，往下放棺材的白布巾还没有被抽出来，突然雷霆冰雹交加，令人害怕。我记得冰雹像白色的碎石打在怒放的丁香花上，落在地上，被踩得咯咯作响，大自然也抗议了。我很长一段时间离不开他的老家，因为他的灵魂还萦绕在这里。父亲，母亲……我们很少交谈。我觉得他母亲恨我：我活着，而她的儿子不在了；我会改嫁，而他不在了。如今，她说："塔玛拉，再嫁吧！"可是当时我怕跟她的目光相对。他父亲差一点疯了："把这么好的一个小伙子给害死了，给打死了！"我和妈妈劝他，说彼佳被授予勋章，说我们需要阿富汗，说这是保卫我国南方国境……他不听：那帮畜生！……

最可怕的事还在后面。最可怕的事……我必须习惯于一种想法，我不要再等他了，我没有人可以等待了。早晨一觉醒来，湿漉漉满身大汗，是吓出来的："彼佳回来了，可是我和奥列奇卡住在另外的地方。"我必须理解，从今以后我是孤身一人了。不过，我一天三次查看信箱……我收到的只有我寄给他的信，他没有来得及看的信，信封上盖着图章："收信人已经离去。"

我不再喜欢过节，也不再出门做客，给我留下来的只有回忆。回忆起来的，都是最美好的时光。

第一天，我俩一起跳舞；第二天，我俩一起逛公园；我们认识后的第三天，他就向我求婚，要我嫁给他。那时我已经有了未婚夫，我们的申请书放在结婚登记处。我把这个情况告诉了他。他走了，给我来信，整页写的都是大大的"啊"字！正月里，彼佳来信说："我会来的，到那时就结婚。"可是我不愿意正月出嫁，我希望春天举行婚礼！在婚礼宫，有音乐，有鲜花。

婚事在冬天就办了，就在我们村里，办得既可笑又匆忙。主显节那一天，大家都算命，我做了一个梦，早晨我讲给妈妈听："妈妈，我梦见一个英俊的小伙子，他站在桥上召唤我，他身穿军装。可是当我向他走去时，他却向远处退去，越退越远，然后就无影无踪了。"

"不要嫁给军人，你会变成寡妇的。"妈妈说。

他来了，只有两天时间。

"咱们到结婚登记处去。"他进门就这样说。

村苏维埃的人把我们打量了一番。

"你们何必要等两个月呢？去买香槟酒。"

一个小时以后，我们就成了夫妻，街上是暴风雪。

"你用哪种出租车接走新娘呀？"

"我马上就把她带走！"他举起手来，拦住一架"白俄罗斯"牌拖拉机。

几年来，我经常梦见我们见面时的情景，我们坐在拖拉机上的样子。他不在了，已经八年了，可是常常梦见他……我在梦中总是央求他："你再娶我一次吧！"他把我推开："不！不！"我感到惋惜的，并不是因为他是我的丈夫，他是怎样的一个男子汉呀！那么高大，那么健壮。我遗憾的是，我没有能跟他生个儿子。他最后一次休假回来，我们家锁着门。事先他没有拍电报，我又不知道。有个女友过生日，我到她家去了。他一推开门，震耳的音乐声，笑声……他坐在凳子上就哭了。他每天接我，说："我到你的单位去时，连膝盖都在哆嗦，仿佛是去幽会。"

我想起我们怎样一起游泳。我们坐在河边，点起一堆篝火："你不知道我是多么不愿意为别人的祖国去送命。"

夜里他又说："塔玛拉，你别再改嫁。"

"你为什么要这么说？"

"因为我太爱你了，我不能想象你和别人在一起……"

有时，我觉得我活了很久很久，虽然回忆的是千篇一律的事。

女儿还小，从幼儿园回来时说："今天我们都讲了自己的爸爸，我说我爸爸是军人。"

"为什么要讲这些？"

"他们并没有问我有没有爸爸，他们只问他是什么人。"

她稍稍长大了一些时，每当我因为什么事拿她出气时，她总是劝我："好妈咪，您出嫁吧……"

"你希望有怎样的一个爸爸呢？"

"我希望有我自己的爸爸……"

"如果不是自己的那个呢？"

"那么就要个和他差不多的……"

我二十四岁当了寡妇。头几个月，只要是个男人来找我，我当场就可以嫁给他。我疯了！我不知道怎样才能自救。周围的生活照旧，有人在修别墅，有人在买汽车，有人有了新的住宅，需要一张地毯，厨房需要铺红色的瓷砖……他们的正常生活，表明我的生活不对路。只是到现在，我才开始购买家具，我的手无力去烤馅饼，难道我的家里也能过节？

上次的战争，家家户户都会悲伤，全国都在悲伤。每个人都失掉了自己的某一位亲人，并知道是为什么失掉的，妇女们一起号啕大哭。

现在，我在烹饪学校工作，全体职工一百人，只有我一个人的丈夫在战场上阵亡，其他人只从报纸上读到了有关这场战争的事。当我第一次从电视上听说阿富汗是我们的耻辱时，我恨不得把屏幕砸碎了。那天，我第二次埋葬了我的丈夫……

——一位妻子

我有眼睛时比现在瞎得更厉害

我们被送到撒马尔罕，那儿有两个帐篷。在一个帐篷里，我们脱掉了身上所有非军人的衣服。有的人比较聪明，他们在半路上已经把夹克衫、绒线衫卖了，最后买了一瓶葡萄酒。在另一个帐篷里，我们领到了过时的士兵服装——1945 年的军上衣、人造革靴子、包脚布。如果你把这些人造革靴子拿给习惯于炎热气候的黑人看，他会吓昏的。在非洲不发达的国家里，士兵们脚蹬轻便鞋，身穿绒线衫、裤子，头戴小檐帽。可是我们排着队，唱着歌，在四十摄氏度的高温里忍受着煎熬，双脚像泡在沸水里一样。

头一个星期，我们在冰箱厂卸玻璃包装容器，在商业基地搬运整箱的柠檬。有时也派我们到军官家里去干活，我就给一家人砌过砖，盖过两个星期的猪圈，钉了三张石棉水泥板。用另外两张换了酒喝，石棉水泥板的价格是每米一卢布。军人宣誓前，两次被带到打靶场：第一次发了九颗子弹，第二次每人抛了一次手榴弹。

我们在练兵场上排好队，宣读了命令："派你们去阿富汗民主共和国，执行国际主义义务。谁不想去，向前迈两步。"

有三个人走了出来，部队首长用膝盖顶一下他们的屁股，让他们站回队去，说："这次是检查你们的战斗情绪。"

每人发了两天的干粮，还有一条皮带，上路吧！大家上了飞机，默默不语，觉得飞了很长时间。透过舷窗我们看见了崇山峻岭，真美！我们生长在普斯科夫，家乡到处是草原和树林，从来没有见过山。我们在信丹德下了飞机，我记得那天是1980年12月19日……

有几个人打量了我几眼："一米八，分到侦察连，那里需要这样的人……"

从信丹德去了赫拉特。到了那儿，我们也是搞修建，修建靶场：挖地，运石，打地基。我干木工活，用石棉水泥板盖房顶。

有的人参加第一次战斗之前，还没有放过一枪。

总是饿。厨房里有两个五十升的大锅：一个用来做第一道菜——水煮白菜，汤里捞不出肉来；一个用来做第二道菜——干土豆或者燕麦饭，没有一点油。每四个人发一个青花鱼罐头，商标上的生产日期是1956年，保存期限是一年半。一年半里，我只有一次不想吃东西，那次是因为我负了伤。平时我总一边走路一边想：在什么地方能弄点吃的，能偷点吃的？我们曾爬进阿富汗人的果园，他们开枪射击，还可能踩上地雷。不过我们太想吃苹果、梨或者其他什么水果了。大家写信向父母索要柠檬粉，他们用信封捎来一些。我们用水把柠檬粉化开就喝，酸滋滋的，用它来刺激胃……

第一次战斗前播放了苏联国歌，政治部副主任讲了话。我记得他说："我们比美国人抢先一个小时，国内等我们作为英雄凯旋。"

我将怎样杀人，当时自己也想象不出来。参军前，我从事自行车体育活动，我的肌肉锻炼得结结实实，谁都怕我，谁也不敢碰我，我甚至没有遇见过持刀打架流血的事情。现在，我们乘坐的是装甲输送车。在这之前，我们从信丹德到赫拉特乘的是大汽车。还有一次，离开驻防地外出乘的是"吉尔"。我坐在装甲车上，手握武器，袖子挽到胳膊肘……有一种新的不熟悉的感觉，一种权势、力量和个人安全的感觉。村庄马上显得低矮了，灌溉沟渠变小了，树木也变得稀少了。半个小时以后，我完全放了心，觉得好像是个旅游者，开始东张西望，欣赏外国风光。真是奇异，各种树，各种鸟类，各种花草，第一次见到那种带刺的树。我一下子把战争忘在脑后了。

输送车经过水渠，经过泥巴桥，我奇怪的是，这座桥居然能经受得住几吨金属的重量。突然一声爆炸，开路的装甲输送车遭到火箭筒的迎面攻击。有人抬着熟悉的弟兄走了过去，没有头颅了，活像硬纸板的靶子，胳膊耷拉着……我的意识还不能马上接受这种新的可怕的现实……命令：架起迫击炮。我们把迫击炮叫"矢车菊"，它每分钟可发射一百二十颗炮弹，所有炮弹全部射向村庄。村庄里有人向外开枪，每个院落里都射去几颗炮弹。

战斗结束后，我们把自己人一块一块地收拢到一起，从装甲板上也往下刮。死者身上没有身份牌，我们把粗帆布铺开当作集体坟墓……没法认出是谁的大腿，谁的一块头骨……没有发给大家辨认身份的颈牌，怕万一落到敌人的手里，那上边有姓名，有地址……如今正像歌里唱的："我们的住址没有楼号，也没有街名，我们的住址是苏维埃联盟……"这是一场没有宣战的战争，我们投入了一场有实无名的战争……

回营地的路上，谁也不说话，好像是来自另一个世界。吃了饭，擦拭了武器，这时候才有人开了口。

"来一根大麻烟吗？""爷爷兵"们建议。

"不想抽。"

我不想抽，怕戒不掉。毒品染上瘾，要想戒掉，非有坚强的意志不可。后来大家都抽起来了，否则坚持不下去。如果像上次战争那样，人民委员会规定每人发给一百克酒就好了……不允许啊，有禁酒法令……要解除紧张情绪，必须用什么东西补偿，最好的办法是处于昏迷状态……往汤里，往粥里倒些麻醉品……然后，眼睛瞪得溜圆，像半卢布的银币，夜里能像猫似的看东西，人变得像蝙蝠一般轻盈。

　　侦察员不是在战场，而是在近处杀人，不是用自动步枪，而是用芬兰匕首，用刺刀杀人，不能出声，不能让别人听见。我很快就掌握了这套本领，干得蛮有兴趣。第一个被我杀死的人……我在近处杀死了什么人，我记得……我们靠近了村子，通过夜视望远镜看见一棵树旁边，有个小电筒闪闪发亮，那儿还有一杆枪，有个人在挖什么东西。我把自动步枪交给了战友，自己靠近过去，距离约有一个箭步时，我纵身一跃，把他打翻在地。为了不让他叫出声来，我用他的缠头堵住了他的嘴。我随身没有带刀，嫌沉。我只有一把开罐头用的小刀，这是一把普通的小刀。他已经躺在地上了，我揪住他的胡须，割断了他的喉咙……皮肤绷紧了，割起来比较容易。我见多了流血……

　　我那时担任侦察组长的职务，一般都是夜间出动，手里握着刀子，坐在树后……他们走了过来，走在前边的是巡逻兵，必须把他干掉。我们轮流动手，这次轮到我。巡逻兵与我并排了，我放他向前走了一步，然后从背后跳上去，主要是用左手勒住他的脑袋，让他扬起脖子，免得叫出声来。右手用刀刺入后背，刺在肝下，要刺透……后来我弄到了战利品，一把日本匕首，长三十一厘米，这种匕首很容易刺入人体。被刺的人蠕动几下，就扑倒在地上，一声也喊不出了。渐渐就习惯了，心理上接受并不太难，不像在技术上那么难：准确地刺到脊椎上边的那根骨头，刺进心脏，刺进肝……我们学过空手道，知道要扭住对方的胳膊，把他制伏、捆住，对准至痛点——鼻子、耳朵、眉骨，要击准。要想动刀子，就得知道刺向什么地方……

有一次，我心里迟疑了一下，震动了一下，感到极其难受。那天，我们搜索一个村庄。一般情况下，推开门进屋前，要先投一颗手榴弹，免得遭到机枪的袭击。何必冒险呢，手榴弹更可靠。我把手榴弹投进去以后，便跨过门槛：屋里躺着几个妇女，两个稍大的男孩和一个吃奶的婴儿。婴儿不是放在小车里，而是在一个像是小盒子的东西里……

现在为了不让我发疯，我必须为自己辩白几句。也许死人的灵魂真的在天上俯视着我们。

我回了国，想当一个好人，可是偶尔也会产生一种愿望，想咬断他人的喉咙。我是双目失明后回的国，子弹从左边的太阳穴打进去，从右边的太阳穴钻了出来，打掉了两只眼睛的视网膜，我只能分辨明与暗。我知道应当咬断谁的喉咙，那些舍不得在我们的小伙子们的墓前立块石头的人，那些不想分给我们住房的人，那些说"我没有派你们到阿富汗去"的人，那些不关心我们的人……我心中曾有过的一切还在沸腾。如果有人要把我的过去夺走呢？不，我不会交出去的。我正是凭借过去在生活。

我学会了不用眼睛走路。我自己能够坐车到市内各地去，自己坐地铁，自己穿街过马路，自己做饭。妻子感到奇怪，我做的饭菜比她做得还好吃。我从来没有看见过自己妻子的长相，但我知道她是什么样子的。我知道她头发的颜色，她鼻子的形状，她嘴唇的形状……我是用手，用身体在看，我的身体有视力……我知道我儿子的样子。他小时候，我把他裹在襁褓里，给他洗过尿布……如今我用双肩驮着他玩……有时我觉得眼睛没有用。每次发生最重要的事情或感到舒服时，您不是也会把眼睛闭起来吗？……画家需要眼睛，因为眼睛为他的职业所需要。可是我学会了不用眼睛生活，我能感受到世界……我听见了它……语言对我来说，比对你们有眼睛的人有更大的作用。

在很多人眼中，我已经是过去的人了，觉得我作为一个小伙子，已经打过仗，如同尤里·加加林，已经完成了太空航行一样。不，我最主要的事业还在后面，我知道这一点。不要把身体看得比自行车更有意义。我过去是自行车手，参加过比赛。身体，如同我们使用的一种工具、一架车床，仅此而已。我可以成为幸福的人，自由的人……没有眼睛……我明白了这些……可是有多少人有眼无珠啊。我有眼睛时，比现在瞎得更厉害。我想净化身上的一切，清除身上的污秽，当初我们就是被污秽吸进去了。现在，只有做母亲的理解我们，保护我们。您不晓得，夜是多么可怕吧？梦中，又一次，这是第几次呀，手持匕首向人扑去……我只有在梦中是个婴儿……婴儿不怕血，因为他不理解什么是血，他以为那是红色的水……儿童是研究自然科学的人，他们对一切都想摸清楚，理解透，什么东西是怎么造成的。可是我，现在甚至在梦中也怕血……

——一位侦察兵

"我亲爱的妈妈"

　　我急急忙忙地向墓地奔去，如同赶赴约会，我仿佛在那儿能见到自己的儿子。头几天，我就在那儿过夜，一点也不害怕。我现在非常理解鸟儿为什么要迁飞，草儿为什么要摇曳。春天一到，我就等待花朵从地里探出头来看我。我种了一些雪花莲，为的是尽早得到儿子的问候。问候是从地下向我传来的，是从他那儿传来的……

　　我在他那儿一直坐到傍晚，坐到深夜。有时候我会大喊大叫，甚至把鸟儿都惊飞了，可是却听不见自己的声音。乌鸦像一阵飓风掠过，在我头顶上盘旋，扑打着翅膀，这时我才会清醒过来……我不再大叫了……一连四年，我天天到这儿来，有时是早晨，有时是傍晚。当我患了轻微脑血栓躺在病床上不能下地时，我有十一天没去看他。等我能起来，能悄悄地走到盥洗室时……我觉得，我也可以走到儿子那儿去了，如果摔倒了，就扑在小坟头上……我穿着病号服跑了出来……

　　在这之前，我做了一个梦，瓦列拉出现了："好妈妈，明天您别到墓地来。不要来。"

　　可是我来了，悄悄地，就像现在这样，悄悄地跑来了，仿佛他不在那儿，我的心觉他不在那儿。乌鸦和往常一样，站在墓碑上、围栏上，它们不飞，也不躲避我。我离开凳子，站了起来，可是它们却先我飞起，安慰我，它们不让我离去。怎么回事？它们有什么事要预先警告我？它们忽然安静下来，飞上树梢。我又想回到那座小小的坟墓前，心里平静极了，不安的心情过去了，是他的魂儿回来了。"谢谢你们，我的鸟儿，是你们提醒我，不让我走开。我终于等到乖儿子回来了……"

人多的时候，我感到不舒服、孤单，我心慌意乱，踱来踱去。有人跟我说话，纠缠我，妨碍我，可是我在那儿却觉得舒服。我的心情只有在儿子那儿才感到舒畅，要想找到我，只能在工作地点和那儿。在那儿，在坟前……我儿子好像就住在那儿……我估量了一下，他的头在哪儿……我坐在他身边，把心里的话都掏给他……今天早晨我干了什么，白天干了什么……我和他一起回忆往事……我望着他的相片，想得很远很远，望得很久很久……他或者淡淡一笑，或者有所不满，皱起眉头，我们俩就这么过日子。我即使买一件新衣服，也是为了看望儿子，为了让他看见我穿上新衣裳了……过去，他总是跪在我面前，如今我跪在他面前了……每次都是如此：推开围栏小门，就跪下！

"好儿子，早晨好……好儿子，晚上好……"

我总是和他在一起。我原想从孤儿院抱一个男孩，找一个像瓦列拉的，可是我心脏有病。我拼命工作，像在黑暗的隧道里，累得筋疲力尽。如果有空闲坐在厨房里，伏在窗口朝外望，我就会发疯，只有痛苦的折磨才能挽救我。四年来，我一次电影也没有去看。我把彩电卖了，用那笔钱修了一块墓碑，我一次也没有打开过收音机。自从乖儿子阵亡以后，我的一切都变了，脸、眼睛，甚至双手。

我也是出于爱而嫁人的，自己找上门的！他是个飞行员，高高的个子，长得很帅。他穿着皮夹克、软底皮靴，像头大熊。他就是我将来的丈夫吗？姑娘们"啊"了一声。我进了商店，为什么我们的工厂不生产高跟拖鞋？我在他面前显得那么矮小。我总盼望他生病、咳嗽、伤风感冒，那时他就能在家里待上整整一天，我就可以伺候他了。我盼儿子都快盼疯了，我希望儿子能够长得像他：同样的眼睛，同样的耳朵，同样的鼻子。仿佛天上哪位神仙听了我的话，儿子长得和他一模一样。我简直不能相信：这两个出色的男子汉都属于我。不能相信！我恋家，我喜欢洗衣服、熨衣服，我什么都爱，爱得连家中的一个小蜘蛛也不碰，如果在家中抓到一只苍蝇或是花大姐，我就会打开小窗户把它们放走。让一切生灵都活下去，彼此相爱吧，我幸福极了！我按门铃，我打开走廊的电灯，我让儿子看见我是高高兴兴的。

"列鲁恩卡（他小的时候，我叫他列鲁恩卡），是我。你可让我想——死——了！"我从商店或是单位总是急急忙忙往家跑。

我爱儿子爱得发疯，我现在也爱他。开完追悼会，他们送来了照片，我没有接受，我还不相信……我是一条忠诚的狗，宁愿死在坟头上也不会离去。

我交朋友向来忠贞不渝。奶水从乳房往外流，可是我和女友说好要见面，我应当还她一本书，我站在冰天雪地里，等了一个半小时还不见她的人影。既然答应了，就不能够无缘无故地失约，一定发生了什么事？我跑到她家里，她在睡大觉，她不理解我为什么在哭。我也爱她，我把自己最爱的一件衣裳，天蓝色的衣裳送给了她，我就是这样的人。我迟迟疑疑地走进人生，有些人胆子比我大得多。我不相信有人能爱我，别人说我长得漂亮，可我不相信，我进入生活的节奏总是慢半拍。不过，一旦我把什么事记在心里了，那么我一辈子也不会忘。对待一切，我都兴高采烈。尤里·加加林飞向太空，我和列鲁恩卡跑到大街上……我在这一刻想爱所有人，拥抱所有人……我们俩高兴得欢呼雀跃……

我爱儿子爱得发疯、发狂，他也疯狂地爱我。坟墓如此强烈地吸引我，仿佛是他在召唤我……

有人问他："你有女朋友吗？"

他回答说："有"。然后他把我大学时代的学生证拿给别人看，那上边的我，留着长长的大辫子。

他爱跳华尔兹。中学毕业时，他在毕业晚会上请我跟他跳第一支华尔兹。我还不知道他会跳舞，他已经学会了，我们俩好一阵旋转。

晚上，我坐在窗前打毛衣，等他回家。脚步声……不，不是他。又有脚步声……是他的脚步声，是我儿子的脚步声……我从来没有猜错过。我们对坐在桌前，一聊就聊到凌晨4点钟。我们都聊些什么？嗯，人们高兴的时候，都能聊些什么？海阔天空，神聊。聊重要的事，也聊无聊的事，我们捧腹大笑。他给我唱歌，弹琴。

我看了看挂钟："瓦列拉，睡觉吧！"

"好妈妈，再坐一会儿。"

他总是叫我：我的好妈妈，我亲爱的妈妈。

"喏，亲爱的妈妈，您的儿子考进了斯摩棱斯克高等军事学院。高兴吧？"

他在钢琴前坐下来：

> 各位军官——贵族大公！
>
> 我大概不是第一人，
>
> 也不是最后一名……

我父亲是军官，保卫列宁格勒时阵亡。我爷爷也是军官。我儿子天生就有军人的风采：身段、体力、风度……他应该当骠骑兵，戴白手套，打扑克，玩朴列费兰斯 [①]……我欢天喜地地称他是"我的标准军人"。哪怕是上帝从天上给我们洒下一滴污水，别让他这么完美呢……

大家都效仿他，我作为他的妈妈也效仿他。在钢琴前像他那样坐下，有时像他那样走路，他死后尤其如此。我希望他的灵魂永远附在我的身上……

"喏，我亲爱的妈妈，您儿子要走了。"

"到哪儿去？"

[①] 朴列费兰斯，一种纸牌的玩法。

他默不作声。我坐着不动，满脸是泪。

"我的乖儿子，你要到哪儿去，亲爱的？"

"什么'到哪儿去'？大家都知道到哪儿去。我的好妈妈，快干活吧！咱们从厨房开始……过一会儿朋友们会来的……"

我立刻猜出来了："去阿富汗？"

"对了。"他的表情一下子变了，令人猜不透，宛如蒙下一层铁幕。

他的朋友科利卡·罗曼诺夫奔进屋来，他像小铃铛似的把一切都讲了：他们在学院三年级时就写了申请报告，要求派他们去阿富汗。

第一杯：谁不敢冒险，谁就别喝香槟。那天晚上，瓦列拉一直唱我爱听的抒情歌曲：

各位军官——贵族大公！

我大概不是第一人，

也不是最后一名……

还剩下四周了。早晨上班以前，我到他的房间，坐下来听他打鼾。他睡觉的姿势也美。

大自然在叩我们家的门，向我们暗示。我做了个梦：我穿着黑色的衣裳，在黑色的十字架上……天使带着我在十字架上飞翔，我勉强待在十字架上……我想看一眼我会落在什么地方，落在海里还是陆上？……我看见了，下面是一个洒满阳光的地槽……

我等他休假回家，他好久没有来信。我在单位时，电话铃响了："我亲爱的妈妈，我回来了。快回家，菜汤已经烧好了。"

我叫了起来："乖儿子！乖儿子！你不是从塔什干打来的电话吧？你已经到家了？冰箱里有一锅你爱吃的红甜菜汤！"

"啊！我看见了锅，可是我没有揭盖儿。"

"你做的是什么菜汤？"

"我做的是'白痴梦想汤'。快回家，我到汽车站去迎您。"

他休假回来时，头发全白了。他没有承认，说自己不是在休假，是从军医院请了假："我要去看看妈妈，去两天。"

女儿看见他怎样在地毯上打滚，疼得直叫。他同时患了肝炎和疟疾。他警告妹妹："刚才的情况，不能让妈妈知道。去，去看你的书……"

上班以前，我又来到他的房间，看他怎样睡觉，他睁开了眼睛："怎么啦，我的好妈妈？"

"你怎么不睡了？还早。"

"我做了一个噩梦。"

"乖儿子，如果是噩梦，你就翻个身，噩梦就会变成美梦。噩梦不要讲出来，梦里的事就不会实现。"

我们把他送到莫斯科，明媚的五月，阳光灿烂，马蹄莲开花了……

"乖儿子，那边怎么样？"

"阿富汗，我的好妈妈，那是我们不该做的事。"

他只盯着我，不看任何人。他伸出手来，蹭了蹭我的额头。

"我不愿意往那个火坑里钻！我不愿意！"说完就走了，他回头看了我一眼，"就是如此，妈妈。"

他从来不说"妈妈",总是唤"我的好妈妈"。风和日丽,马蹄莲开花了……航空港的女值班员望着我们,哭了……

7月7日,我醒来时没有眼泪,目光呆滞地盯着天花板……是他把我唤醒的,好像是来跟我告别的……8点,该准备上班了……我拿着裙子,从洗澡间到卧室,从这个房间到那个房间……不知为什么,就是不想穿色彩鲜亮的裙子……我有些头晕,连人都看不清,一切都恍恍惚惚……到了中午吃饭的时候,我才镇静下来……

7月7日……衣兜里七支香烟和七根火柴……照相机里拍了七个画面……给我写的七封信……给未婚妻写的七封信……一本书翻在第七页上,是安部公房的小说《箱男》。

他当时还有三四秒钟的时间可以自救……他们是和汽车一起翻下山涧的。

"弟兄们,快往外跳!我殿后。"他不肯第一个跳出去,他不能抛下战友不管,他不会这么做。

"我是西涅利尼科夫少校,负责政治工作的副团长,我现在给您写这封信。我执行军人的职责,认为必须通知您,瓦列利·盖纳基耶维奇·沃洛维奇上尉于今天10时45分不幸阵亡……"

全市都知道了……军官之家里挂着黑纱和他的遗像……飞机载着灵柩,马上就要着陆……谁都不告诉我任何事,谁也下不了这个决心……单位的同事们,个个含着泪……

"发生了什么事?"

他们找各种借口避开了,有位女友开门看了我一眼。后来我看见了我们的医生穿着白套服，我恍然大悟。

"人们哪！你们怎么啦？疯了吗？这种人是不会死的。"我敲打桌子，奔向窗户敲打玻璃窗。

他们给我注射了一针。

"人们哪！你们疯了吗？你们胆怯了？"

他们又给我注射了一针。注射也不顶用，据说我大喊大叫过。

"我要见到他，把我带到儿子身边去。"

"把她送去吧，否则她受不了。"

长长的棺材，没有刨光的木板，上边是黄色大字"沃洛维奇"。我搬棺材，想把它抬回家，我累得膀胱都涨破了……

需要有块坟地，干燥的地，干燥一点的地……需要五十卢布？我付，我付。只要那块地好就行……干燥一点的……我明白，待在那里边让人害怕，可是我又说不出口……要一块干燥的地……头几夜，我没有离开……我守在那儿过夜……有人把我送回家，我又返了回来……有些割了的草在晒……城里和墓地到处都是干草的味道……

早晨，我遇见一个小兵。

"大妈，您好。您的儿子原来是我的指挥官，我把一切都告诉您。"

"啊，好孩子，等一等。"

我们回了家，他在我儿子的软椅上坐下。他刚开口，又改变了主意："不，我讲不出口，大妈……"

我每次去看望他时，总是我先鞠个躬，临走时再鞠一躬。只有有人来访时，我才留在家中。我在儿子身边觉得舒服，严寒季节我也在那儿，并不觉得冷。我在那儿给他写信，夜里我回家时，路灯亮着，汽车行驶也亮着灯。我徒步回家，心里有一股力量，什么也不怕，不怕野兽，也不怕人。

儿子的话萦绕在耳边："我不愿意往那个火坑里跳！我不愿意！"谁应该为此事负责呢？总得有人为这桩事负起责任来吧。我现在想活得很久，为此我养精蓄锐。一个人最不受保护的就是他的小小坟墓，他的声誉。我永远会保护我儿子的声誉……有的战友找过他……有个战友跪在他面前："瓦列拉，我浑身上下都沾满了血，我用这双手杀过人……我没离开过战场，我浑身上下沾满了血……瓦列拉，我现在不知道该怎么办，是死还是活？我现在不知道。"我醒来，像是从梦中醒来……我想弄明白，谁为此事负责？为什么都一言不发？为什么不把他们的姓名公布出来？为什么不到法院去告他们？

他唱得多么动听啊：

> 诸位军官——贵族大公！
>
> 我大概不是第一人，
>
> 也不是最后一名……

我去过教堂，跟神父谈过心。

"我儿子阵亡了，他很不一般，他是个可爱的人，今后我该怎么对待他？我们俄罗斯有什么风俗？我们都把风俗给忘光了，我想知道一些。"

"他受过洗礼吗？"

"神父，我很想说他受过洗礼，可是不能。我本来是一位青年军官的妻子，我们过去生活在堪察加半岛上，那里终年冰天雪地……我们住在大雪覆盖的土窑里……我们这儿的雪是白色的，可是那儿的雪是淡蓝色的、绿色的、贝母色的，那儿的雪不反光，也不刺眼。幅员万里，一尘不染……声音可以传播得很远……您能理解我吗，神父？"

"维克托利娅大娘，他没有受过洗礼，就不好办了。我们的祈祷，传不到他心中。"

"我现在就让他受洗礼！"我的话脱口而出，"用我的爱，用我的苦难，用我的苦难为他洗礼……"

神父握住了我的手，我的手在抖。

"维克托利娅大娘，不能这么激动。您经常去看望儿子吗？"

"我天天去，要不然怎么办？如果他还活着，我们就会天天见面。"

"大娘啊，过了下午5点钟，就不能再打扰他，他们要去安息。"

"我上班到5点钟，下班以后还要打工。我给他立了一块新碑……两千五百卢布……我需要还债。"

"维克托利娅大娘，请您听我说，每个假日您一定要来，每天12点钟做弥撒时也要来，那时他会听见您的……"

让我经受最悲痛的苦难、最可怕的苦难，只要他能听到我的祈祷、感受到我的爱就行了。我在他的墓地上遇到每一朵小花，每一条根须，每一枝草茎，我都会问："你从哪里来？你是从他那里来的吗？是从我的儿子那里来的……"

——一位母亲

后记

我是通过人说话的声音来聆听世界的

　　我是通过人说话的声音来聆听世界的。人说话的声音对我永远起着振聋发聩的作用，让我心旷神怡、沉迷陶醉。我对生活本身极度信任，这大概是我观察世界的一种方法。最初我觉得用"讲话体"（我暗中如此自称）完成前两部著作之后，这种体裁会成为我以后写作的障碍，因为每时每刻都会重复自己，担心成为多余之物。完全是另外一种战争，另外一种武器——威力更大和更残忍的武器。以机关枪和火箭装置"冰雹"为例："冰雹"可以化山岩为粉末。另外一种人生心理：把娃娃们从日常生活，学校、音乐、舞蹈等场地拽出来，投入地狱，投入污秽之中。什么东西都可以往十八岁的男孩子，十年级的学生头脑里灌！将来他们才会明白："我要参加的是伟大的卫国战争，可是却被投进另一种战争。""我本想当英雄，如今我不知道自己变成了什么人。"

　　人会觉醒的，但不会那么快，也不是人人都能做得到。

　　"要使举国上下都爱看斗牛，需要有两个条件：一、牛必须是本国土生土长的；二、本国人必须对死亡感兴趣……"（见海明威《死在午后》）

　　本书有几个片断，初次在几家报纸和白俄罗斯几家杂志上刊出后，各种意见、评论、劝告、警告、指责、质问，甚至威吓，像狂风暴雨般压顶而来（我们社会的精神生活至今还少不了这些威吓）。有人来信，有人来电话，有人找上门来。不过，我始终有一种感觉，此书还在撰写的过程中……

摘自来信——

读不下去了……我想哭，想叫……也许到现在我才明白，这是一场怎样的战争……可怜的娃娃们，我们在他们面前是何等有罪啊！过去我们对这场战争知道些什么呢？我现在很想拥抱每一个人，向每一个人请罪……我没有参加这场战争，但我已经亲临了这个战场。

现在回忆一下我当时的情况，我们大家当时的情况……

我读过拉里莎·赖斯纳[1]的作品，她说阿富汗境内住着一些半野蛮的部族，他们一边跳一边唱："光荣属于俄罗斯布尔什维克，他们帮助我们打败了英国人。"

四月革命。满意吧，社会主义又在一个国家里取得了胜利。可是，同一列火车里，坐在身旁的人悄悄地说："咱们脖子上又套上了一个'白吃饱'。"

塔拉基死了。在市委举办的学习班上，有人提问："为什么允许阿明杀死塔拉基？"从莫斯科来讲课的人打断了他的话："弱者应当给强者让位。"我对他当时的印象很坏。

---

[1] 俄罗斯女作家、外交家，曾在苏联驻阿富汗使馆工作，著有《阿富汗》等书。

我们的空降兵抵达喀布尔，他们解释说："美国人打算空投自己的空降兵，我们比他们仅仅抢先了一个小时。"同时，人们传言我们的人在那边处境不佳，没有食物，没有棉衣。我立刻想起了珍宝岛和我们士兵们的凄凉哀号："没有子弹！"

后来我们的大街上出现了阿富汗紫羔羊皮短大衣，这种短大衣显得相当华贵。有的妇女羡慕另外一些妇女，因为她们的丈夫到过阿富汗。报上说：我国士兵在那边植树造林，补路修桥。

有一次，我乘火车从莫斯科回家，车厢里有位少妇和她丈夫。大家谈起了阿富汗，我说了一句报上的话，他俩笑了笑。他俩已经在喀布尔当了两年的医生，他们立刻袒护从那边往回运货的军人……那边样样东西都贵，可是收入微薄。车抵达斯摩棱斯克站时，我帮他们往下搬东西，有很多大纸箱子，上面贴着进口标签……

我在家里听妻子说，隔壁住着一位独身女人，她的独生子准备被派往阿富汗。她四处奔波，求爷爷告奶奶，给人家下跪磕头，恨不得上前舔皮靴。她满意地回来了："求回来了！"同时又心安理得地说："当官的都花钱把自己的孩子买回来。"

儿子放学回到家中说："蓝色贝雷帽战士给我们作了报告。"他眼馋的是："他们每个人都戴着一块多么棒的日本手表啊！"

有人向一个"阿富汗人"打听，这么一块手表值多少钱，买的时候付了多少钱。那个人支支吾吾半晌，才讲了真话："我们偷了一车蔬菜，卖了……"他还说大家都羡慕在燃料加油站工作的士兵们："他们是百万富翁！"

我记得的最后一件事是对萨哈罗夫院士的迫害。有一点我同意：死的英雄，即使他有过闪失，对我们来说，也比活人好。还有，不久前听说有几个"阿富汗人"，在扎戈尔斯宗教学校里求学，其中有普通士兵，也有两名军官。是什么事情促使他们进了宗教学校呢？是悔过，是想躲避残酷的生活，或者是想获得某种精神力量？并非每一个领到军人多年服役证（小小的褐色证书）的人，都能用优惠价格的肉食品填饱空虚的灵魂，然后把灵魂变成进口的破烂，在凭特权获得的一块土地上，在苹果树下，把它埋起来，什么也不看，什么也不说……

——尼·贡恰罗夫，奥尔沙市

我是到过那边的其中一个。不过，我一年比一年更难回答这样的问题："你不是士兵，你到那边去干什么？"一个妇女在那边能干什么？咒骂这场战争的话越多，大家对我们这些到过那边的人的态度就越坏。大家对我们越来越不理解了。

这是一场现在称作躲躲藏藏的战争，周围的人都不胜惊讶："你去阿富汗？去干什么？那边不是在杀人吗？"我们是盲目信仰的牺牲品。人家向我们讲解四月革命的理想，我们就信以为真，因为我们从小学时代起就习惯于盲从。我要您相信，事情就是如此，人人如此！

回来以后，我们变了。有一种愿望，想把真实情况讲给某个人听。我期盼有人带个头，我相信早晚会有这么一天……

如果这个选择现在再次摆在面前，我是不会去阿富汗了。我的女朋友来信说："把它忘了吧！从记忆里把它抹掉，不要让任何人知道你到过那边。"不，我不会把它抹掉，我要把它弄个明白，弄清楚我在那边的时间……那些岁月，那些岁月本来可以在另一个地方，过另外一种生活……不，说句良心话，我并不后悔。心中留下一种感情，说明自己分担了那场灾难，说明我们经受了感情的裂变。我们在那边，认清自己是受了骗。我在那边才开始思考：为什么我们如此轻易上当？为什么随随便便就能够把我们骗了？我还记得，当我看到那么多妇女去参加那场战争时，我的眼睛都瞪圆了，我从来没有想到会有类似的情况。在路上，我一直在想，我是唯一的白痴，是个不正常的女人。原来，这类妇女成千上万。当然，人人都有实际问题，想多赚点钱，说不定还能解决个人问题，改变家庭命运，心灵深处还有一种信念。我们去的目的，是为了成为有用的人，是为了帮助他人。我认为，任何战争中都应当有妇女参加。也许我想象不出会有另外一种，不像伟大的卫国战争那样的战争。难道军医院里能够没有女性吗？烧伤的病号躺在那里……遍体鳞伤的人躺在那里……只要把手放在伤员的身上，就能给他一点儿温暖，这是一种仁慈！这是符合女性心灵的工作。我在那边遇见过一些娃娃兵，他们主动要求投入危险的战役，他们表现出英雄气概时无所顾虑，他们一个个阵亡了。

请原谅我讲得如此零乱。我太激动了，我有好多话要讲……

如今在后方诞生了关于前线战士兄弟般情谊的传说，这在那边是没有的。在那边一切都可以买卖，其中包括买卖妇女。一个夜晚……为了一件女上衣或者一套化妆品……是的！是的！但是反正这些，也许不是主要的。不管怎么说，我们是浪漫主义者，我们相信过！最可怕的事发生在以后，我们是从需要这场战争的国家离开的，可是却到了不需要这场战争的国家。我们感到委屈的，不是没有得到回报或回报得不够，而是把我们一笔勾销了。不久以前，还说是"国际主义义务"，现在说这是愚蠢的行为。是什么时候跨过这条界限的？这是最大的问题。我在进行对比……登山运动员攀到了山上很高很高的地方……可是他摔倒了，摔断了腿……他总想攀上山去，他一辈子都想攀上山顶……我们有一种怀旧思想，特别是男性。他们拿生命冒过险，他们杀过人。他们认为自己既然杀过人，就属于特殊之辈。他们被什么东西触动了，而这些东西没有触动过别人。这或许是我们心中的一块病……或者是我们还没有从那边回来？

——加·哈利乌利娜，女职员

　　阿富汗战争爆发时，我儿子刚从中学毕业，考上了军事学院。当别人的儿子们手持武器在异国他乡时，这十年里我的心一直放不下，我儿子也可能出现在那边呀！说人们什么也不知道，这是谎话。锌皮棺材运进家门，残废的娃娃回到惊慌失措的爸妈面前，这些场面大家都见过呀！当然喽，广播和电视里从不提这些，您在自己的报纸上，也没有写过这些呀，您是不久前才有了这个胆量的！但这一切都是在众目睽睽之下发生的，在众目睽睽之下呀！当时，我们这个"人道"的社会，其中也包括我和您，又干了些什么呢？我们的社会正为"伟大"的老头子们颁发又一枚金星勋章，我们的国家正在完成和超额完成又一个五年计划（老实说，我们的商店里过去是，现在仍然是，空荡荡的），正在修建别墅，正在花天酒地。而当时，十八到二十岁的娃娃们正冒着枪林弹雨行军，脸朝向地扑在异国的沙地上，白白送了命。我们是些什么人呢？我们有什么权力质问自己的孩子们："你们在那边都干了些什么？"难道我们这些留在这里的人，比他们干净吗？他们饱尝的痛苦，他们经历的磨难，已经净化了他们的罪孽，可是我们永远不能净化自己了。村民被杀尽，村庄遭毁灭，责任不在于他们，而在于我们，在于我和您。是我们，而不是我们的孩子杀了人。我们是杀人犯，既杀了自己的孩子，又杀了其他国家的孩子。

至于这些孩子——他们是英雄！他们不是因"错误"在那边作战。他们之所以作战，是因为相信了我们。我们应当在他们面前跪下，只要把我们在这里干的事和他们在那边不能不干的事对比一下，就能让人发疯……

——阿·戈卢勃尼奇纳娅，建筑工程师，基辅市

当然啦，今天写阿富汗是有利可图的，甚至是时髦的题材。而您，阿列克谢耶维奇同志，现在就可以庆幸，您的书大家会抢着阅读。如今，咱们国内繁殖了不少人物，他们只关心如何把祖国的墙壁涂抹得乌七八糟。他们中间也有某些"阿富汗人"，因为他们——不是所有人，不是所有人——获得了最重要的自卫武器：请诸位瞧一瞧，把我们弄成了什么样子？无耻之徒总需要他人的庇护。正派人不需要这些，因为他们在任何形势下都是正派的。这种人在"阿富汗人"当中为数不少，但您寻找的，大概不是他们。

我没有到过阿富汗，但我经历了伟大的卫国战争的全部过

程。我很清楚，在那场战争中也有污秽。可是我不愿意重提污秽，也不允许任何其他人这么做。问题不仅在于那是另一种性质的战争。一派胡言！众所周知，人若想生存就必须吃饭，既然要吃饭，恕我不恭，也需要有排泄的地方。可是我们并不把这些事公之于众呀！为什么撰写阿富汗战争的人，甚至撰写卫国战争的人，把这些都忘在脑后了呢？如果连"阿富汗人"都反对这类"发现"，就应当倾听他们的声音，研究这种不寻常的现象。拿我来说吧，我就理解他们为什么如此激烈地反对。人有正常的情感——羞耻，他们感到羞耻，您发现了他们的羞耻，但不知为什么您认为仅仅发现还不够。您决定把它和盘托出，让大家声讨。他们在那边开枪乱杀骆驼，那边的和平居民死于他们的子弹……您想证明这场战争是不必要的，是有害的，您并没有理解，如此做法，您恰恰伤害了战争的参加者——那些清白无辜的少年……

——尼·德鲁日宁，图拉市

摘自电话——

"好吧，我们不是英雄，可是现在我们反而成了杀人凶手。杀妇女，杀儿童，杀家畜。再过三十年，说不定我会亲口告诉自己的儿子：'儿子呀，一切并不像书中写的那么英雄豪迈，也有过污泥浊水。'我会亲口告诉他，但要三十年以后……现在这儿还是血淋淋的伤口，刚刚开始愈合，结了一层薄疤。请不要撕破它！疼……疼得很……"

"您怎么能这么做呢？您怎么敢往我们孩子的坟头上泼脏水？他们自始至终完成了自己对祖国应尽的责任。您希望把他们忘掉……全国各地学校创办了几百处纪念馆、纪念室。我也把儿子的军大衣送去了，还有他学生时代的作业本，他们可以做榜样。您讲的那些可怕的真实，对于我们有什么用？我不愿意知道那些！您想靠我们儿子的鲜血捞取荣誉。他们是英雄！英雄！关于他们，应当写出优美的书来，而不是把他们变成炮灰……"

"我在儿子的坟墓上刻下了这么几个字：'人们啊，请记住：他是为生者的生存而阵亡的。'如今我知道这是骗人的话了，他并不是为了生者的生存而阵亡的。首先是我受了欺骗，然后我又帮助他们欺骗了他。我们当时都那么善于轻信，我一再对他说：'儿子啊，你要爱祖国，祖国永远不会出卖你，不会不爱你。'现在我想在墓碑上刻上另外几个字：'为什么？'"

"邻居给我送来了报纸：'对不起，这就是您向我们讲过的那场战争。'我不相信。我不相信这事可以写出来，可以公开发表。我们早已习惯于生活在二维之中：报纸与书籍中讲的是一套，生活中完全是另外一套。如果报纸讲的和生活本身一样，那么我们内心经受的与其说是满足，不如说是别扭。一切正像您所写的那样，甚至有时令人感到更可怕，更绝望。我想跟您见一面，谈谈心里话……"

"每天早晨我都能看见儿子的后脑勺，可是时至今日，我还不敢相信他已回到了家中。当他在那边的时候，我对自己说，如果给我运回来一口棺材，我就只有两条路可走：或是到街上去游行，或是进教堂去修行。他的母校请我去演讲：'请您讲讲您儿子的事迹吧，他荣获了两枚红星勋章。'不，我没有去。我已经四十五岁了，我把我们这一代人称作'唯命是从的一代'，阿富汗战争是我们悲剧的顶峰。您的书击中了要害，因为您向我们和我们的孩子们提出了一个问题：我们是些什么人？为什么可以对我们为所欲为？"

"我在班上听人说：'哎呀，这些人可真吓人！'他们指的是'阿富汗人'。其实，现在我们都是这种人。他们离开家，去那边的时候就是这种人了，并不是变成这样的人以后才回国的。我有时甚至在想：战争对于他们来说，比我们的现实更纯洁，所以他们才闷闷不乐。"

"能把我们多少人变成精神病患者、暴虐者、吸毒者？在那边时，对我们大声叫喊的是另外一些话：改革的工长们，你们应当把家里那潭死水搅浑！我们回来了，准备整顿秩序……可是不让我们插手……反反复复跟我们说：'孩子们，学习吧……成家吧……'这真让我震惊，周围处处投机倒把、黑帮猖獗、一片冷漠无情——可是不许我们去干严肃的事业……我茫然不知所措，直到有位聪明人开导了我：'您会干什么？您只会开枪。您懂什么？您只懂用手枪保卫祖国。只能靠自动步枪恢复正义吗？'这时我才动起脑子来……我对自己说：该死的自动步枪啊……真的，那个该死的东西现在还挂在我的背上。"

"我一边读一边哭……但是我不会重读您这本书了……出于对自我基本情感的保护……我们是否应当认识自己是这样的人呢？对此我没有把握。太可怕了……心中是一片空白……你不相信人了，你怕见人了……"

"喂，您让人烦死了！为什么您笔下到过阿富汗的姑娘，非让她们扮演妓女的角色不可呢？我不否认，这种人确实有，但并非人人如此。我恨不得从心里叫出声来。为什么让我们都成了一个样子的人？请您钻进我们的心房，看看那里的情况。

"我回国后，头半年夜夜不能入睡。如果睡着了，一定会梦见尸体、枪战。我吓得跳了起来，闭上眼睛，一切又会重演。我实在无法忍受了，就去请教神经学医生。我不求他开假条，只希望给点药片、出点主意就够了，可是他竟说了这么一句话：'您怎么见过那么多尸体？'啊，我真想朝那年轻人脸上扇一耳光。从此以后，我再不找任何医生了。我不想活下去，一天甚于一天。我不愿意见任何人，听任何事，可是又无处藏身，该死的住房问题！我不向任何人要求任何东西，我什么东西也不需要了。可是，请您帮帮那些有求于您的人。我和一些人通信，他们的情况也雷同，这么说，其他人也一样喽！不过，我不相信您。您想让所有人相信我们都是些残酷无情的家伙。您可想过，您本人是何等的残酷无情吗？

"我不想把我的姓名告诉您，您就当我已经不存在了吧。"

"您想让我们相信回国的是病态的一代，可是我坚信回来的是再生的一代。我们总算见到了我们的小伙子在真正的生活中的表现！是死了不少娃娃，这个不假。可是又有多少人死在酒后的斗殴中，死在动刀子的打架中呢？我在某报上读过一条消息：每年死于车祸的人数（遗憾的是我没有记住数字），要比我们这十年战争中死的人数还多。我们的军队已经多年不打仗了。我们这次检验了自己，检验了现代武器……这些娃娃都是英雄！正是因为有了您这样的人，我们今天才在世界各地节节放弃阵地……我们失掉了波兰，失掉了德国、捷克斯洛伐克……请您告诉我，我们的伟大强国今日何在？为了它，1945 年我徒步走到了柏林……"

"我们要求对我们要讲公道……到了现在我才反问自己：我们参与的那场战争，它本身就是不公道的？……为什么会有如此火辣辣的公道感呢？我们有权利享有它……请不要提我的姓名，我不愿意遭到他人的白眼……"

"为什么要谈错误？您以为，在报纸上发表这些揭露性文章就能够……您以为这些文章就能够有所帮助？我们使青年人丧失了我们的英雄历史。人们在那边阵亡，而您还在写什么错误……难道母亲用轮椅推着的残废军人不是英雄？牛仔裤里装着假肢的人不是英雄？有的人故意骑摩托车蹩伤了自己的脚，以便不去参军，他们反而成了英雄？投降当俘虏的人，反而成了英雄？"

"我在南方海滨看见几个小伙子在沙滩上，用手扒着沙地，向大海爬去……他们的腿的数量比他们的人数还少……我再也不能去海滨浴场了，我无法在那儿晒太阳，我只能在那儿伤心流泪。他们还在欢笑，还想追求姑娘，可是大家都像我似的，离开他们跑了。我希望这几个小伙子万事如意，让他们知道：我们需要他们这样的人，他们需要活下去！我爱他们，因为他们还活着。"

"我的独生子在那边阵亡了，我感到欣慰的是，我培养了一个英雄。如果信了您的话，那么我培养的不是英雄，而是杀人犯，是侵略者。这是怎么一回事呀？我们的儿子，受了致命重伤时，让手榴弹在自己的胸口爆炸，为了不玷污苏联士兵的荣誉，或者扑在手榴弹上，为了拯救自己的战友，他们这种大无畏的精神难道是骗人？

"为什么？为什么您不展示人光明、崇高的一面，而去揭露阴暗的一面，居心何在？难道您忘记了高尔基的话：'人——是个高傲的字眼'？"

"我明白了，您的理想人物是'坦波夫的兰博①'？可我们是用保尔·柯察金的榜样培养起来的……"

"的确，那边也有罪犯，有吸毒的，有趁火打劫的。难道

---

① 坦波夫，俄罗斯欧洲部分中央黑土区城市，坦波夫州首府。兰博是美国电影里的退伍军人和英雄人物。

说，我们和平的日子里就没有这类人吗？我坚持认为：在阿富汗打过仗的人是牺牲品，他们个个都需要从心理上恢复名誉。

"我在某处读过一个美国兵的忏悔录。他是越南战争的老兵，他讲了一件可怕的事：'战争结束八年之后，在我们美国，当年的士兵与军官自杀的人数，已和战时伤亡的人数扯平。'我们应当考虑到我们'阿富汗人'的心理状态……

"在那边断送了性命的人多达百万（说是几十万亦可），他们都是为自己的利益，为自己的自由而战斗的人。损害他们的人权不是英雄行为，不管您今天说得如何天花乱坠。在那边，一个人既可能丧命，也可能干出胆大包天的事来。主要的标准，这么做是为了什么？'阿富汗人'，你们也别再充当英雄好汉了！我们同情你们，真是荒唐！……是的，受压迫的人，品德不端的人，都可能被迫卷入战争。但他们自己丧命的时候，也给别国人民带去了破坏与死亡。老实说，这已经不是立功而是犯罪了。悔悟应当使你们这些参加过不光彩的历史的人得到宽恕。

"请您把我的看法公布出来。我想知道'当代英雄'们会用怎样的胡言乱语来诋毁我。"

"我不知道我儿子在阿富汗都干过什么事，也不知道他为什么到了那边。战争还在进行的时候，我就这么讲过，我差一点被开除党籍。如果当时不是用锌皮棺材把我儿子运回家来，我就被开除了……我甚至不能用俄罗斯民族风俗安葬他……像老话说的那样：在圣像下，在殓巾上……"

"直到现在，每每想起那件事，我就感到难过……我们坐在火车上，车厢里有位妇女说，她是在阿富汗阵亡的一位军官的母亲……我理解……她是母亲，她在哭……但我说了一句：'您的儿子死在不义的战争中……"杜什曼"保卫的是自己的祖国……'"

"孩子们被抓走了，被杀害了，为了什么？他们怎么了？不是保卫祖国吗？保卫南部国境……可是现在，你一个人待在两间屋子里，哭吧……已经三年了，天天去上坟，我们在那儿举办婚礼，在那儿照顾自己的小孙子们……

"军事委员会打来电话：'大娘，来吧，替您的儿子接受勋章。'授给他一枚红星勋章……'大娘，讲几句话吧！'我展示勋章，说：'请你们看吧，这是我宝贝儿子的血呀！'这就是我的发言……"

"我们还会被征募过去，武器还会被分发到我们手中，让我们在国内整顿秩序。我们估计，过不了多久，有人就得为所作所为承担责任！希望多登一些人的姓名，不要拿假名当挡箭牌。"

"现在市侩在处处责怪这些十八岁的男孩子……瞧你们干的……应当把这场战争跟他们分开……那是一场罪恶的战争，已经受到了谴责，至于娃娃们嘛，应当得到保护。"

"我是俄罗斯文学教员。我把卡尔·马克思的话向学生们重复了多少年：'英雄之死如同日落，而不像青蛙毁于膨胀。'您的书能教人什么呢？"

"有人想把我们这群迷惘的人变成制度的可靠保卫者（我们已经经受了对它忠诚的考验），今天又把我们派往切尔诺贝利、第比利斯、巴库，派往油管爆炸的地方……"

"我不想生儿育女了，我害怕……他们长大成人以后会怎么讲呢？讲我……我到过那边……讲那场战争，那是一场肮脏的战争，就应当称它是肮脏的……我们可以闭口不谈……可是孩子们会讲的。"

"我羞于承认……从那边回来时，曾惋惜自己没有获得勋章……连个小小的奖牌也没有……如今我庆幸自己没有杀过任何人……"

"我们这里的人，把很多事情都严严实实地掩盖起来……我们对自己一无所知，比方说，关于孩子们的残忍，我们知道什么？关于这方面的情况，我们有什么文学著作，有什么学术论文？直到不久以前，我们还说什么'苏联少年是世界上最好的少年'，说这种话对我们有什么用？说我国没有吸毒现象，没有横行霸道，没有抢劫掠夺。原来，这些恶行我国样样具备，应有尽有。到了那边，还把武器发给了这些少年……向他们灌输：瞧，他就是敌人——'杜什曼'匪徒，'杜什曼'团伙，'杜什曼'败类，土匪化的'杜什曼'，土匪集团……小青年回国以后，讲他们是怎样开枪杀人的，怎样把手榴弹投进土屋里……讲死人躺着的样子……对他们来说是正常的……上帝啊，宽恕他们吧，他们并不知道他们所干的事……"

继阿瑟·凯斯特勒[①]之后，让我们向谁提出这个问题："为什么当我们讲真话时，总像是谎言？为什么宣布新生活时，我们总要使大地布满尸体？为什么谈论光明未来时，我们总要夹杂着种种威胁？"

当我们向沉寂下来的村庄扫射时，当我们对山里的公路进行轰炸时，我们同时也在扫射和轰炸自己的理想。我们必须承认这一残酷的事实，必须有亲身感受。现在连我们的孩子们都玩起抓"杜什曼"和"有限人员"的游戏了。现在我们还是鼓起勇气，来了解自己的真情吧！支持不住，忍受不了，我知道，我亲身感受过。一个二十岁娃娃的嘶吼声，一直在我的耳边回响："我不愿意听别人讲什么政治错误！我不愿意听！如果是错误，那么请把我的腿，我的两条腿，都还给我！"邻床的人心平气和地轻声说："提出了四个人的名字……四个死人，再没有别的罪人了……你们要审判我们！是的，我们是杀过人！是的，我们是开过枪！……难道你们发给我们武器，是让我们和同年级的弟兄们做军事游戏？……你们以为我们会像天使一样回来吗？！"

---

① 阿瑟·凯斯特勒，生于匈牙利的英国作家。

有两条路可走：一是认识真理；二是回避真理。莫非我们要再次遮遮掩掩？

雷马克^①的小说《黑色方尖碑》中有一段话：

> 在停战以后不久开始的罕见的变化，总是继续取得进展。1918年，几乎所有士兵一致憎恨战争，对于那些安然无恙度过战争的人来说，已经慢慢成为他们生活中重大的冒险经历了。他们又回到平平常常的生活中去了，当他们还躺在战壕里咒骂战争时，这种生活对他们来说是天堂。现在平平常常的生活得以恢复，还带着担忧和烦恼，因而战争逐渐从地平线上升起，离去，成为过去，并且不按他们的意志和几乎没有他们的支持而变异、美化和改头换面。大规模屠杀已成了人们所逃脱的冒险经历。绝望已被遗忘，贫困已经不复存在，尚未降临到某人头上的死亡，就成了一生中几乎总要发生的事情：某种抽象的事物，但已经不再是现实了。只有当它在近处突然袭击或伸手去扼杀某人时，它才是现实。军人俱乐部成员曾受命于沃尔肯施泰因，在纪念碑前列队行进而过，他们在1918年还是和平主义者，可是现在已成了极端的国家主义者了。沃尔肯施泰因已经把战争和几乎每人都有的对友谊情感的回忆巧妙地转变成对战争的自豪感。谁不是国家主义者，他就玷污了对阵亡英雄的纪

① 埃里希·玛利亚·雷马克，德国著名小说家，1947年加入美国国籍，著有长篇小说《西线无战事》《归途》《凯旋门》等。此处引文系李清华自德文所译。

念，这些可怜的、被当成炮灰的阵亡英雄，他们所有的人都是多么想活呀。

当我看见有的人穿上"阿富汗军装"，佩上"阿富汗人民怀着感激之情敬赠的奖章"，到学校去与小孩子们会见时，我想不通！当有的人硬要母亲十次二十次地讲述阵亡的儿子的事迹，讲完之后，她拖着沉重的脚步走回家时，我想不通。

过去，我国供奉很多神，现在有的神在垃圾堆里，有的神在博物馆里。让我们把真理变成神吧！让每一个人在这个神的面前，能为自己的行为负责，而不像以往所教育的那样，让全班负责，让全年级负责，让全体职工负责……让全体人民负责……有的人为了觉醒，比我们付出了更多的代价，我们对他们应当宽宏大量。请记住这句话："我是从战争中把自己的朋友、自己的真理，用塑料纸口袋运回来的……一处是头颅，一处是胳膊，一处是大腿，还有剥下来的皮……"

列夫·托尔斯泰的《战争与和平》，写到祖国边境就结束了。俄国士兵继续往前行军，而伟大的作家没有跟他们同行……

如今，这些红色墓碑，带着对已故的人的怀念，带着对我们的天真轻信的怀念，将永远留在我们的国土上：

塔塔尔琴科·伊戈尔·列昂尼多维奇

（1961—1981）

为了执行战斗任务，忠于军人誓言，表现英勇与刚毅，阵亡于阿富汗。

亲爱的小伊戈尔，你还没有尝到生活的滋味便离开了。

妈妈，爸爸

拉杜奇科·亚历山大·维克托罗维奇

（1964—1984）

执行国际主义义务中阵亡。

你真诚地完成了自己作为军人的天职。

你没能保护自己，我的乖儿子。

你在阿富汗土地上像个英雄，献出了自己的生命，

为的是让和平的天空笼罩国土。

献给亲爱的儿子

母亲

巴尔塔舍维奇·尤利·弗朗采维奇

（1967—1986）

在执行国际主义义务时英勇献身。

我们怀念你，爱你，为你哀悼。

亲人共念

包勃科夫·列昂尼德·伊万诺维奇

（1964—1984）

在执行国际主义义务中阵亡。

月亮落了，太阳熄了，

亲爱的儿子，你不在了。

妈妈，爸爸

季尔菲加罗夫·奥列格·尼古拉耶维奇

（1964—1984）

忠于军人誓言而献身。

愿望没有实现，理想没有实现，

你过早地合上了自己的双眼，

小奥列格，我的好儿子呀。

亲爱的哥哥，

与你永别的痛苦，我们无法诉说。

妈妈，爸爸，弟弟，妹妹

阿列克谢耶维奇和她的纪实文学

高莽

1984年2月，苏联大型文学刊物《十月》刊出了一位名不见经传的女作家反映苏联卫国战争的作品——《战争中没有女性》。作品面世后，苏联评论界和广大读者一致为之叫好，认为这本书从新的角度审视了这场伟大而艰苦的战争。在战争中成长起来的、颇负盛名的作家康德拉季耶夫读了这部作品以后，立刻在《文学报》上发表文章。他感慨万千地说："我不知道应当用什么语言来感激这位作者，因为她替男性完成了这项工作，所有的前线老兵都感谢她。"

他又说："我早就感到自己对于我们的女战友，对于战争中的姑娘们，负有一种作家的，同时也是一个普通人的责任。我早已着手写她们，然而此时此刻我才发现，我是根本写不出这种作品的，因为我并不了解我在阅读《战争中没有女性》时才知道的一切……我痛苦地想到：四十年过去了，我们竟然没能写出关于我们的姐妹们的真实行为和真实情感。是她们为我们包扎伤口，在医院里细心地照料我们，并且和我们一道在战场上进行非人的战斗，而我们却没能写出她们，我感到既惭愧又痛心！"

他称赞这位女作家在战争文学领域开发了"深深的岩层"。

的确，战争文学的作者一向以男性作家为主。如今，一位三十几岁的白俄罗斯女作家斯韦特兰娜·阿列克谢耶维奇，一位没有参加过卫国战争的女性，竟然写出了男性作家感受不到，并为之赞叹不已的作品。作品之所以成功，是因为她用女性独特的心灵揭示了战争的另一个层面：用谈心式的陈述，说出了战争的本质；用女性身心的变化，说明了战争的残酷。同年 11 月，苏联最高苏维埃主席团向斯韦特兰娜·阿列克谢耶维奇颁发了荣誉勋章。

1985 年，《战争中没有女性》中文版面世。[①]

1989 年初冬，阿列克谢耶维奇随苏联作家代表团来中国访问。11 月 6 日，外国文学研究所的苏俄文学研究人员与代表团见了面，那天大家谈得很随便，很坦诚。阿列克谢耶维奇衣着朴实，发型简单，面颊略带忧思，有一双灰色的眼睛。她讲话谦虚、稳重，没有华丽的辞藻，也没有豪言壮语，每句话出口时，似乎都在她心中掂量过。

她讲述了自己在大学新闻系毕业之后怎样当了记者，怎样认识了白俄罗斯著名作家阿达莫维奇[②]，怎样以他为师，后来又怎样从媒体进入文学界。

她还讲了写作《战争中没有女性》的过程。她说她用四年的时间，跑了两百多个城镇与农村，采访了数百名参加过卫国战争的妇女，笔录了与她们的谈话。她说战争中的苏联妇女和男人一

①《战争中没有女性》，吕宁思译，昆仑出版社1985年1版1印。
②亚历山大·阿达莫维奇（1927—1994），白俄罗斯著名作家，剧作家。

样，冒着枪林弹雨冲锋陷阵、爬冰卧雪，有时还要背负比自己重一倍的伤员。战争以苏联人民的胜利结束，同时也使很多妇女改变了自己的天性，从此变得严峻与冷酷。

她的话当时给我印象最深的是，她讲述自己怎么孜孜不倦地追求"书写真实"，还有她关于"纪实文学"的想法。她用的是"文献文学"一词，我对这种提法既感到新鲜，又觉得对其含义理解不透。

我一边听她讲述自己采访的经历，一边想象着作为女性需要多大的精神力量去感受战争的惨剧和承担感情的压力。

那天，她说她在撰写一部新作，是关于通过孩子的眼睛观察成年人的战争和战争给家庭与人们造成的不幸。几年后，这部书问世，名为《最后的见证者》，也是一部有关苏联人民卫国战争的纪实作品。

告别时，她赠给我一本白俄罗斯出版社出版的《战争中没有女性》原作，书上题了一句话："纪念我们在伟大的中国土地上的会晤。"字迹规规矩矩，和她的讲话、衣着很相配。我把书接过来，感到沉甸甸的。

1999 年末，我在苏联《民族友谊》杂志的第七期上，读到她的又一部新作《锌皮娃娃兵》。这篇纪实文学作品让我心潮翻滚，她写出了阿富汗战争时苏联部队的内幕，不同阶层官兵的心态和他们在阿富汗令人发指的行径。

阿列克谢耶维奇在该书中说，她的研究对象是"感情的历程，而不是战争本身的历程"。全书由几十篇与战争有关的人的陈述组成，没有一个中心人物，我认为其中心人物是战争中的人。

为了帮助中国读者阅读，我介绍一下苏联与阿富汗的关系。

阿富汗是苏联的邻国，也与中国、巴基斯坦、伊朗和印度接壤。它的面积比英国和法国都大。它有丰富的、尚待开采的矿藏。更重要的是，它具有非同一般的军事战略意义。

在20世纪，英国就想吞并阿富汗，以实现其占领南亚次大陆的美梦。美国也想霸占阿富汗，以便把它变成南下暖洋的基地。苏俄也没有袖手旁观。早在沙皇时代，俄国就觊觎这块土地。近几十年来，苏联当局总以阿富汗"真诚的朋友"自居，扶持亲苏势力，派去专家，供应武器，目的就是全面控制这个国家。

《锌皮娃娃兵》记述的时间，从1979年12月苏军入侵阿富汗起，到1989年2月撤军前夕止。十年当中，阿富汗的政治发生了诸多变化。

1979年，奉行"民族主义政策"的阿明当选为阿富汗政府总统，同时担任阿富汗革命委员会主席。苏联不信任阿明并决定铲除他，但需要找个合法的理由，于是以勃列日涅夫为首的苏共政治局决定出兵阿富汗。他们策划让卡尔迈勒上台，然后由卡尔迈勒出面要求苏联出兵"援助"新的政府。1979年12月，苏军坦克兵和伞兵越过阿富汗边界，占领了重要建筑物和电台。12月27日，苏军将阿明逮捕并于当夜处决。

自1980年起，阿富汗各派游击队逐渐结成联盟，同入侵的苏军和阿富汗政府军开展了游击战争，战火烧遍了整个阿富汗。游击队得到了美国、巴基斯坦、沙特阿拉伯、埃及等国的支持与武器供应。

1985 年戈尔巴乔夫上台后，苏联政府表示：接受联合国大会关于外国军队撤出阿富汗的呼吁，通过政治协商解决阿富汗问题。

1986 年，卡尔迈勒政权被推翻，纳吉布拉取代卡尔迈勒当上总统。

1988 年 4 月，巴基斯坦、阿富汗、苏联和美国，在日内瓦签署关于苏联从阿富汗撤军的协议。

1989 年 2 月，苏联军队全部撤出阿富汗。在这之前，他们宣称投入所谓的"有限人数"即可解决的问题，最后发现每年的参战人数竟然多达十一万人，先后共有一百五十多万官兵在阿富汗作战，累计伤亡五万余人，耗资四百五十亿卢布。

苏联终于结束了这场没有宣战的、历时十年之久的侵略战争，此场战争所费时间比卫国战争多出一倍，死亡人数不下万人。这些人当中，主要是一些二十岁左右的青年，即娃娃兵。这就是《锌皮娃娃兵》一书的时代大背景。

《锌皮娃娃兵》和《战争中没有女性》的写作手法有相同之处，都是笔录战争的参与者或其家属的陈述，但又有所不同。

《战争中没有女性》中纪录的全部是妇女的话，加上作者淡淡的描述。《锌皮娃娃兵》中除了参战的士兵、军官、政治指导员、医生、护士等人的回忆外，还有等待儿子或丈夫归家的母亲和妻子等人的血泪回忆。

《锌皮娃娃兵》中几乎没有作者的任何描述，但有更深一层的感受，即战争中人潜在的思想活动与朦胧状态的意识。作者是从妇女的角度在进行心灵的挖掘，这是心灵活动的文献。《锌皮娃娃兵》的作者努力将人心掏出来展示给读者，让他们看看人心在战争中是怎样跳动的。

如果说阿列克谢耶维奇的前两部作品描绘的既有血淋淋的悲惨遭遇，又有壮丽的理想和红旗招展的胜利场面，即苏联时代军事文学的模式，那么，从《锌皮娃娃兵》开始，阿列克谢耶维奇走上了另一条道路，即着力揭露造成人间悲剧的道德原因。

阿列克谢耶维奇的记录不遮掩、不诿饰，她在探索一种真实，同时也可以看出她的立场：反对杀人，反对战争，不管是什么人、什么战争。她在说明：战争就是杀人，军人就是杀人工具。

然而，当这种真实出现在读者面前时，有人感激涕零、由衷赞赏，同时也有人反对，有时甚至连讲述者本人事后都认为自己讲的事不应当见诸文字，更不应印出来让大家知晓。有人认为，阿列克谢耶维奇是在给苏联军队抹黑，是对苏军的诽谤。有人上告法院，要与作者对簿公堂。上告者何止一两人，又何止一两年！

相悖的看法都一一见诸报端。苏联《民族友谊》杂志1992年第八期刊出了读者关于《锌皮娃娃兵》的一组来信。编者按语中说："如今，有关阿富汗战争渗出表面的真实震撼了整个社会，其程度丝毫不亚于我们所知道的有关斯大林主义的罪恶。《锌皮娃娃兵》的读者们，包括书中的主人公们，对它的反响截然不同。"有的人问道："为什么早没有这本书？这本书能拯救我的儿子，拯救我，它会擦亮别人的眼睛。我现在对任何人都不讲任何事了，我把发表《锌皮娃娃兵》的那一期刊物递给对方说：读吧，那里有我的心。"

另一位女性写道："我愿跪在你们面前——谢谢你们讲了真相。过几年再发生新的恐怖时，我们会站在一起，站在铁丝网的一方。不过，这是将来的事，现在让大家都知道那辛酸的、可怕的真实吧！真实，除了真实之外，我想象不出还有什么东西能打消我们当奴隶的愿望。"

相反的意见同样十分尖锐。

有的母亲带着在阿富汗牺牲的儿子的相片，还有他们获得的奖章与勋章来到法院，一边哭一边喊："人们哪，请你们看一看，他们是多么年轻，多么英俊，他们是我们的孩子，可是她写文章说他们在那边杀人！"

有的母亲甚至直截了当地冲着阿列克谢耶维奇叫道："我们不需要你的真实，我们有自己的真实！"

真实——多么朴实的话，多么难办的事！人的立场与观点不同，对真实的认识也不同。

阿列克谢耶维奇认为："的确，她们有自己的真实。"真实要反映在文献中。"那么什么是文献呢？"阿列克谢耶维奇曾反问自己，"人们可以控制它到何种程度呢？它在什么程度属于人们，又在什么程度属于历史和艺术呢？"阿列克谢耶维奇百思不得其解。于是，她继续在自己的作品中探讨真实。

阿列克谢耶维奇说："今天我们大家不是在谈话，而是在叫喊，每个人叫喊着自己的事。如果把过去看成是我们的档案，那么我们就是在档案中由于疼痛而喊叫、发疯的人。"

有一天，阿列克谢耶维奇去见一个过去有过接触的小伙子，她想恢复过去的真实。她说在阿富汗时，那个小伙子对她说过：
"你是个女人，你能在战争中了解什么？你是个耍笔杆子的……
难道人们能像书里或电影里那么死吗？他们在书里和电影里死得
漂亮！昨天，我的一个朋友被打死了，子弹击中了头颅，他大概
奔跑了十来米，要抓住自己的脑袋……你能写这些吗？"阿列克
谢耶维奇把他的话写在书中了。从那时起已过了七年，阿列克谢
耶维奇这次见到那个小伙子时，发现他已经是另外一个人了，已
经成了走运的大款。他喜欢讲阿富汗的事，但已不是原来的说法
了。他对阿列克谢耶维奇说："你那些书有什么用？那些书太可
怕了！"

　　她还遇见了一位在《战争中没有女性》中写过的女人。这
个女人讲的事，也使阿列克谢耶维奇很有感触。这个女人说，她
几十年来不敢进肉铺，不敢看肉，特别是鸡肉，鸡肉使她联想到
人肉。她说，一场战役结束后，看见双方被打死的人，是件可怕
的事。年纪轻轻的，像土豆似的撒满大地……后来，阿列克谢
耶维奇把自己笔录的这个女人的话交给她过目，她把所有的话都
勾掉了，并把自己对所从事的军事爱国主义事业的总结，寄给了
阿列克谢耶维奇，她写道："你发表这一篇吧，至于我过去讲给
你听的，是让你明白我们在战场上是多么可怕！"阿列克谢耶维
奇说："我要求的是自己所理解的准确、真实，而她希望的是单
纯的生存。怎么才能对她讲清楚，'单纯的生存'是艺术圈外的
事，作者只允许做一种事，即将它变成艺术。"

　　看起来，真实——仿佛随着人思想的变化而变化，随时间、

地点的变化而变化。它难以捕捉，也难以让大家达成共识。阿列克谢耶维奇所追求的是超越时间、超越人的立场和阶级属性的真实。在阶级社会里，为这种"真实"而奋斗是要付出昂贵代价的，更何况是一个女人。

领导苏军入侵的苏联将军们是怎么看待他们在阿富汗的行径的？他们不只是一般的执行命令的人，他们还是指挥者。

梅里姆斯基中将在阿富汗指挥过苏军六年之久（1978—1984），现已退休。1995年，第三期《近代史与当代史》杂志发表了他的一篇长文——《阿富汗战争：参战者手记》。文章最后的部分，显然是对阿列克谢耶维奇这样的人所持观点的批驳。他写道：

"关于阿富汗战争的许许多多的报道把重点放在了负面现象上，完全忽视了献身的崇高和决心，这种片面的做法本身令人感到屈辱。在激战的过程中，对俘虏施以毫无道理的酷刑和嘲弄，以及趁火打劫、掠夺等其他残酷行为，是任何一场战争在某种程度上都存在的，这场战争也不例外。我们的军队不是由一群圣贤组成的，部队中什么样的人都有，但苏联官兵的行为主要不是残酷。相反，士兵们首先表现出来的是忠于职守、刚毅与勇敢，所以在这方面给自己抹黑是不当的。""在阿富汗形成了一种传统，对这种传统不能不给予高度的评价，即某些士兵距离复员只剩下几天时，自愿代替年轻士兵去参战。因为他们认为，那些年轻士兵对这种严峻的考验还没有做好充分的精神准备。还有，在阿富汗最严厉的惩罚或最大的耻辱，莫过于军人逃避战役。对这种传统怎能视而不见呢？"

他又说："我国的大众传播媒介广泛流传着一种说法：'部

队不应执行没有弄清楚是否合法的命令。'只有非常不理解军事生活的人才会提出这样的要求。军人是按军事组织的规律，是按一长制的原则在生活、在行动，命令必须无条件地执行，没有讨论的余地。这种法则是严峻的，却是合理的，否则就无法作战，更谈不上取得胜利。打仗时不举行群众集会，打仗时要厮杀。因此不应当向军队问罪，而应当向作出使用武力决议的人问罪。"

苏联人民是否向发动那场侵略战争的罪魁祸首问罪了呢？当时入侵阿富汗的苏军，是用最现代化的武器装备起来的，战争持续了十年之久，苏军并没能征服条件极差的游击队，最后不得不灰溜溜地撤军。梅里姆斯基中将对这些现象没有作进一步的解释。

谈到士兵的心态时，他写道：

"还流传着一种关于当年参加阿富汗战争的士兵们心理扭曲的说法，我从根本上不同意把一切都扣在阿富汗头上。我们应当理解打过仗的、经历过死亡的人的心理，当他回到和平的生活中，看到人人都在忙于解决自己的问题，而没人对他感兴趣时，他便想用自己的种种行为引起别人的注意，并高声疾呼：'人们啊，我是经历过死亡的人，请你们看看我，哪怕是讲一句好话呢！我是值得你们重视的！'他撞到了漠不关心的墙壁上，他们当中一部分创伤最深的人便会和社会对立起来，因此出现了冲突。"

"经历了这场战争的士兵一下子长大了好几岁，他们的青年时代在二十岁便结束了，应当把他们当作成年人对待。从阿富汗回国的绝大多数战士，保持并带回了和荣誉相称的忠诚。"

这位中将承认："阿富汗战争给苏联和苏联武装力量的威信造成了严重的损害。这场战争给父母们也带来了沉重的痛苦，他们的孩子在战争中残废了，或是失去了生命。"

直到现在，读者围绕着《锌皮娃娃兵》的争论仍然未休。

到目前为止，阿列克谢耶维奇已出版了五部纪实文学作品，即《战争中没有女性》《最后的见证者》《锌皮娃娃兵》《被死神迷住的人》和《来自切尔诺贝利的声音》。现有三部话剧和近二十部纪实影片，都是根据其纪实文学作品改编、拍摄而成。她准备再写两部书，即《永恒狩猎的美丽》和《啊，傍晚的光亮！》。这两部作品虽还没有着手，但她已联想到它们诞生时的情形，这也许正是女性作家的一种特殊感悟。

阿列克谢耶维奇的创作已经形成了自己的风格，作品具有"文献"价值和书写"真实"的特色。她的书中没有中心人物，也不做主观的心理分析，但她笔录的片断讲话、互不连接的事件、局部的现象，却给人一种相对完整的概念与画面。她记录的讲话，从微观视野去联想客观场面，她尽力深入讲话者的心灵，挖掘埋在潜意识中的实质。她不是自己解释，而是让讲话者倾诉出各种行为与活动的动机。她是通过声音去认识世界，通过心灵去揭示真实。

世界是斑斓的，而真实是刺眼的，更是刺心的！

我想起九年前与她会晤时，她一再强调的创作"文献文学"

的原因与其重要意义，我想起她在赠书上写的题词。如今，我们在中国的土地上又会晤了，这次不是她本人，而是她的作品。这是值得纪念、值得庆贺的会晤。

1998 年 9 月 30 日于北京

图书在版编目（CIP）数据

锌皮娃娃兵 /（白俄）阿列克谢耶维奇著；高莽译 . —北京：
九州出版社 , 2014.7（2015.10重印）

ISBN 978-7-5108-3083-9

Ⅰ. ①锌… Ⅱ. ①阿… ②高… Ⅲ. ①纪实文学－白
俄罗斯－现代 Ⅳ. ① I511.455

中国版本图书馆 CIP 数据核字（2014）第 147682 号

ZINKY BOYS © 2013 by Svetlana Alexievich

Simplified Chinese language edition published in agreement with Svetlana
Alexievich-represented by the Literary Agent Galina Dursthoff.

Simplified Chinese edition copyrights : © 2014 by Beijing Xiron Books Co. , Ltd.

All rights reserved.

版权合同登记号 图字: 01-2014-3963

锌皮娃娃兵

作　　者	（白俄罗斯）阿列克谢耶维奇 著　高莽 译	
出版发行	九州出版社	
出 版 人	黄宪华	
地　　址	北京市西城区阜外大街甲 35 号（100037）	
发行电话	（010）68992190/3/5/6	
网　　址	www. jiuzhoupress. com	
电子信箱	jiuzhou@jiuzhoupress. com	
印　　刷	北京慧美印刷有限公司	
开　　本	880 毫米 ×1230 毫米　32 开	
印　　张	10	
字　　数	220 千字	
版　　次	2014 年 8 月第 1 版	
印　　次	2015 年 10 月第 2 次印刷	
书　　号	ISBN 978-7-5108-3083-9	
定　　价	36.80 元	

铁 葫 芦

《人与土地》（增补本） 阮义忠 著

　　《人与土地》是"中国摄影教父"阮义忠最为著名的摄影系列，拍摄于
1974—1986 年，展现其时台湾乡村正在逐渐消逝的人情与风景，曾在国内外诸
多美术馆展出并被收藏。增补本收录了全部 86 幅照片，每幅配以简净文字，讲
述照片背后动人的真实。在人与土地的联结已变得冰冷而遥远的今天，幸有阮义
忠捕捉到的一个又一个瞬间，留给我们可供寄托的不变。

《正方形的乡愁》 阮义忠 著

　　《正方形的乡愁》是摄影家阮义忠又一再现 20 世纪 70—90 年代真实台湾的
经典摄影。在不断变化的时代，阮义忠着意寻找不变的价值，跋涉于旧日的乡
土、温淡的老镇，记录下遇见的每一张纯朴面孔。80 张照片及其背后文字，投
递给我们那些已散落无踪的乡愁：成年对童真的乡愁，游子对家园的乡愁，车水
马龙的都市对田野农耕的乡愁。

《初心》 江振诚 著

　　在 2014 年亚洲五十佳餐厅榜单上，本书作者的 Restaurant Andre 排名第六，
被《纽约时报》誉为"最值得专程搭机前往的餐厅"。在《初心》这本书里，除
了能读到关于厨艺的精湛论述外，更可以从"初心"中得到如何在世界舞台崭露
头角的重要法门。

《我就是忍不住笑了》 侯文咏 著

　　本书是侯文咏在 facebook 网站粉丝专页中的文章精选集，随手拈来的人与
事，写成一则则短小俏皮、趣味横生的故事。蔡康永和粉丝妹妹的对答，为什么
言承旭打针都是打屁股，家里的小孩子和大人之间互相沟通不了的"蚌壳话"，
好朋友 Mr.K 的爱情难题……种种人生的感动、喜悦、尴尬、领悟，"侯式"幽
默里总有你意想不到的温暖与治愈，让你会心一笑的同时，留有更多的余味。

铁 葫 芦

铁肩担道义　葫芦藏好书